·中学生读本

黄荣华 主编

法者之言

——《韩非子》选读

兰保民 钱瑜 编选

上海教育出版社

人之需 （代总序）

　　一直想给中学生朋友编一套中华传统文化方面的读本。

　　作为中学语文教师，我们有自己的理由——

　　中华古代文化浩如烟海，书市上古代文化方面的图书也不计其数，但专门面向现代中学生的普通读本却很难找到，更不要说那种切合中学生阅读心理、精心选材、精心作注、精心释义的系列丛书了。

　　而从一名中学语文教师的角度看，当今中国语文教育最缺失的一块又恰恰是对中华传统文化的敬重、理解与传承。

　　众所周知，教育本来是指向学生的全面发展的，但因为"高考列车"越跑越快所产生的巨大无比的力量，语文已沦落为应试的工具。

　　在这样的教育中，对文化的漠视已成为语文教育的一个并不为多数人清醒意识到的"传统"；丢弃传统文化，甚至鄙薄传统文化，也已成为语文教育的一个并不为多数人清醒意识到的"传统"。

　　在这样的教育中，现代语文教育的本质意义——作为培育"民族文化之根"的意义，作为培育"效忠于""皈依于"中华民族的现代公民的意义，已基本丧失。

而中华民族在现代前行的艰难身影又告诉我们：我们的教育，我们的语文教育，必须敬重、理解、传承中华传统文化。

中华传统文化作为中华文明的载体，其两大支柱是儒与道。而作为现世人生精神支柱的文化，又主要是儒家文化。儒家文化又以孔子为核心，孔子文化的核心是"仁"——"仁者""爱人"。何为"爱人"？孔子"一以贯之"的是"忠""恕"二字——"己所不欲，勿施于人"，"己欲立而立人，己欲达而达人"。用现在的话说就是：自己不想要的不强加给别人，自己想要的也要让别人拥有。这样，人与人就会友爱，社会就会和谐，人类就会幸福。而支撑这一社会理想的核心思想是：人与人的平等性。

从近一个半世纪的中国近现代历史进程看，由于受列强的侵略，我们民族怀疑甚至痛恨过我们的传统文化，认为那是我们落后挨打之源。所以，我们曾经把传统文化作为落水狗一般痛打。但从我们逐步摆脱"挨打""挨饿"之后"挨骂"的现实看，我们现在最缺失的就是传统文化中的"忠""恕"二字。不"忠"就不"诚"，不"诚"就无"信"；不"恕"就不"容"，不"容"就无"爱"。当今社会的许多问题之源，正在于无"信"无"爱"。

要化解民族前行过程中出现的种种问题与矛盾，当然要从政治、经济、科学、军事、艺术、伦理、道德等各个方面去思考，但在教育过程中，在生活的各个方面，敬重、理解、传承我们传统文化的精髓，应当成为我们思考的重要内容。当我们通过教育，通过生活的方方面面形成的教化体系，能将我们传统文化的精髓与现代民族意识融为一体，内化为崭新的民族精神，并使其上升为民族得以昂然立身的中华现代文明，那我们民族就真正完成了由古代到现代的转型，我们的国家就能成为一个崭新的现代民族国家，我们的人民就会成为"具有中国心的现代文明人"（当代著名教育家于漪老师语）。

有了这样的愿望，就总希望能为实现这样的愿望尽微薄之力，所以我们带着对中华传统文化的敬意，乐意尽自己最大的力量为中学生朋友推介中华传统文化。

同时，作为语文教师，我们还感到，要真正理解语言、掌握语言，就必须理解文化，特别要理解传统文化。

语言学研究表明：语言的理解与运用，归根结底是与某个社会群体的认知方式、道德规范、文化传承、价值标准、风俗习惯、审美情趣等特定的文化因素相关联的；语言运用要得体，既要遵循语法规则，更要遵循文化规则。由于汉语的组织特点是"文便是道""以意役法"，即意义控制形式，"意在笔（言）先"，所以文化规则在汉语的组织运用中更有着突出的意义。又由于汉语是由汉字联属而成，而汉字是世界上最古老的文字之一，更是世界几千年间唯一一没有中断其历史的文字；每个走过几千年的汉字都有着深厚的文化沉淀，可谓一个汉字就是一个广博精深的文化单元，就是一个意趣醇厚的审美单元（鲁迅先生曾在《汉文学史纲要·自文字至文章》中指出，汉字有"三美"："意美以感心"，"音美以感耳"，"形美以感目"）。因此，要让孩子们准确地把握经典文本表达的意义，恰当地表述自己的观点，得体而有效地与人交际，就要引导他们了解、掌握语言背后蕴含的丰富的文化信息。

现在只有无知者才不会承认，中华文明体是一个坚实、深刻、厚重、博大的文化体系。这个文化体系已将自己的精神文化贯彻到了人们可见、可知甚至可感的世界的每一个角落，渗透在人们的气血经脉、意识与潜意识之中，正所谓

"致广大而尽精微"(《中庸》)。在这个"致广大而尽精微"的文化体系中，天、地、人的分工和边界及其协调与平衡，都有着清晰、真切、生动的表达；在这个体系中，中华民族已建立起了自己独一无二的生活方式——在天与地之间，堂堂正正地做人，做一个大写的人。由此，中华民族也就有着有别于其他一切民族的独特文化——天地之间的人文化，而不是天界中的神文化，不是地界中的鬼文化。尽管我们的文化中不可避免地会涉及神鬼，但总体而言它是"敬鬼神而远之"的。由此，我们也就会真正明白，为什么诸子百家中的任何一家最终都将自己的精神内核指向了人，为什么我们几千年的文化主体选择了"儒"——人之需！如果不了解、不理解这样的文化，就不能真正读懂我们的文化原典，就不能真正听懂古今经典之作的汉语述说，就很难得体地用好已走过了几千年的民族语言。

基于上述两大理由，我们编著了这套《中华根文化·中学生读本》。

"根文化"就是"文化之根"。它表明这套读本关注的是中华文化最根本的部分。这又有两层意思：一是读本的内容选择上，关注代表根文化的内容；二是在注解、翻译、释义上，关注所选内容最本原的意义，基本不做现代阐释。

作为"中学生读本"，我们尽可能使其适合中学生的文化心理。每个选本均按主题组织若干单元，并写有单元导语；用浅近的白话注解、今译、释义，力求简洁明了。

《中华根文化·中学生读本》第一辑15种，主要选编先秦时期的经典，包括《兴于诗——〈诗经〉选读》《立于礼——"三礼"选读》《成于乐——〈乐记〉〈声无哀乐论〉选读》《仁者之言——〈论语〉选读》《义者之言——〈孟子〉选读》《君子之言——〈荀子〉选读》《智者之言——〈老子〉选读》《达者之言——〈庄子〉选读》《爱者之言——〈墨子〉选读》《法者之言——〈韩非子〉选读》《忠者之言——〈楚辞〉选读》《谋者之言——〈孙子〉选读》《春秋大义——〈春秋〉三传选读》《诸侯美政——〈国语〉选读》《战国争雄——〈战国策〉选读》。

黄荣华

前　言

　　韩非(约前280—前233),战国末期思想家、政治家、散文家,出身韩国贵族,生来口吃,不善言论。自幼抱负远大,喜刑名之学。后与李斯等同门求学于荀况。博览群书,精习深研法家学说,终以文章势雄善辩称誉当时,成为战国末期法家思想集大成者。后世称"韩子"或"韩非子"。

　　当时韩国很弱,常受邻国的欺凌,韩非多次向韩王提出富国强兵的计策,但未被韩王采纳。韩非写了《孤愤》等一系列文章,表达自己的治国理念。秦王嬴政读了韩非的文章,极为赞赏。为求韩非一人,秦国出兵攻韩,得韩非而罢兵。韩非在秦王问计时劝其先伐赵而缓伐韩。后因姚贾与李斯进谗言加以陷害,韩非被迫服毒自杀。

　　韩非是法家之集大成者,他身处战国乱世时代,以帝王之师的角度纵论治国之道。韩非的政治思想中心是法治,手段是"法""术""势"相结合。他将法家法派代表商鞅、术派代表申不害和势派代表慎到等人的思想熔为一炉,并加以发展,在《韩非子》一书中予以详细论述。这部书现存五十五篇,约十余万言,大部分为韩非自己的作品。

　　《韩非子》一书,重点宣扬了韩非鲜明独到的法、术、势相结合的法治理论,达到了先秦法家理论的最高峰,为秦统一六国提供了理论武器,同时,也为以后的历朝历代封建专制制度提供了理论根据,影响深远,波及至今。西汉以后,儒教思想处于显学地位,引导百姓弘扬仁爱礼仪;法家理论实际运作不辍,或多或少被帝王作为统辖臣民的利器。

在《韩非子》中,韩非在法的方面,强调"以刑止刑",强调"严刑""重罚",主张"抱法处势则治,背法去势则乱"(见《韩非子·难势》)。他在术方面,强调"以术知奸",国君对臣下,不能太信任,要"审合刑名",严格控制。

韩非在继承和发展先秦法家思想的同时,对各家学说加以改造。如把荀子"法后王"的思想发展为"世异则事异""事异则备变"的历史进化观,显现了对历史和时势的深刻审视以及超越历史和现实的勇气。

韩非所处的时代,诸侯争霸,战乱四起。韩非是站在帝王角度研究治国之道的思想家,为帝王谋富国强兵、称霸天下之策略是他的政治抱负。在思想界崇尚儒家、墨家"法先王"和"复古"的主张时,韩非的观点是反对复古、主张因时制宜的。韩非根据当时的形势,主张法治,注重事功,提出重赏、重罚、重农、重战四项政策。韩非提倡君权神授,自秦以后,中国历代封建王朝的治国理念都颇受他的学说的影响。

《韩非子》不仅是先秦诸子百家思想的一朵奇葩,而且也是一部立论鲜明、论谈犀利、文势充沛、气势磅礴的散文杰作。其中的寓言故事不仅数量多,而且在思想上和艺术上都达到了很高的水平,许多寓言故事一直流传至今,成为我国文学创作史上的宝贵财富。

《韩非子》的文采也值得当代青年学习,其论述气势磅礴,寓言言简义丰。读读《韩非子》,对于提高文字表达、累积话语素材是有益无害的。

本书的架构是分六个单元,选入相关语段,除"注解"和

"今译"之外,还用"释义"加以解析。

第一单元"为君与治国",选入原书关于如何做个贤明君主,如何才能治理好国家的话语。

第二单元"权势与法术",选入原书关于法治、权术、权势相结合的治国思想的语段。这部分是韩非的核心思想,也是他与其他法家显著区别之处。

第三单元"变法与行法",选入原书关于因时制宜、适时变法的言论。这部分是韩非法家思想的立据所在,他表明自己是立足于诸侯君主,立足于当时时势,立足于实际效果才吸取百家之说、推崇法家理念的。

第四单元"赏功与罚罪",选入原书关于赏罚分明的阐述,提出了具体实施法治的方式方法。

第五单元"知人与用人",选入原书关于如何知人、选人,如何用人的言论。

第六单元"防奸与止奸",选入原书关于君主防范奸邪,捍卫权势的话语。

限于篇幅、时间和能力,本书在选文、注解、翻译和释义等方面会有不尽如人意之处,不当之处在所难免,还望读者不吝指教。

兰保民　钱　瑜

目录

第二单元　权势与法术

第三单元　变法与行法

第四单元　赏功与罚罪

第五单元　知人与用人

第六单元　防奸与止奸

第一单元
为君与治国

　　为君治国之道，诸子百家各有各的说法。韩非的意见是：君主集权，以法治国，所谓"明主之道忠法"。他强调君主不能依靠臣民的偶然善行，而要紧紧掌握权柄，依靠明确公布的法令来让臣民不得不善，通过严明公正的执法让臣民自愿为善。这样，臣民各司其职，君主虚静以待，就可以垂拱而治了。

人主之道

人主之道，静退①以为宝。不自操事而知拙与巧，不自计虑而知福与咎②。是以不言而善应，不约而善增。言已应，则执其契；事已增，则操其符③。符契之所合④，赏罚之所生也。故群臣陈其言，君以其言授其事，事以责其功。功当其事，事当其言，则赏；功不当其事，事不当其言，则诛。明君之道，臣不得陈言而不当。是故明君之行赏也，暖乎⑤如时雨，百姓利其泽；其行罚也，畏乎如雷霆，神圣不能解⑥也。故明君无偷⑦赏，无赦罚⑧。赏偷，则功臣堕⑨其业；赦罚，则奸臣易为非。是故诚有功，则虽疏贱⑩必赏；诚有过，则虽近爱必诛。疏贱必赏，近爱必诛，则疏贱者不怠，而近爱者不骄也。

——《韩非子·主道》

注解：①退：谦逊，退让。②咎：灾祸。③言已应，则执其契；事已增，则操其符：契，契约。符，信符，凭证。"契"与"符"都是古代用以订约立信的凭证，不同之处在于"契"为文卷，而"符"为信物，且多在朝廷调兵遣将或传达命令时使用。④合：符合。在这里指用符、契来核验。⑤暖乎：浓云遮盖的样子。乎，……的样子。⑥解：解脱，豁免。⑦偷：苟且，此处是随意、随便的意思。⑧赦罚：赦免刑罚。⑨堕：通"惰"，懈

怠。⑩ 疏贱：用作名词，指关系疏远、地位卑贱的臣子。

今译

做君主的原则，以冷静谦退为最宝贵。(果能如此，那么)自己不用操劳具体事务就能洞察臣下是愚拙还是智巧，不必亲自思谋考虑具体事情就能知晓国家的祸福。因此君主无须多言，臣下就会多方应和你，无须要求，臣下就会主动多任职事。(臣下)说出应和的言论，君主就拿来作为契约；(臣下)主动多任职事，君主就拿相应的信符作为凭证。按照契约、凭证核验下来的结果，就是确定赏罚的根据。所以群臣发表他们的言论，君主根据他们的言论授予他们职事，依照职事责求他们的功效。(如果)实际功效与他们所任职事相符合，所任职事与他们先前的言论相符合，就奖赏；(如果)实际功效与他们所任职事不相符合，所任职事与他们先前的言论不相符合，就惩罚。明君的原则，(就是)不允许臣下发表言论而不符合实际。因此明君实行奖赏时，就像浓云蓄积，下了一场及时雨似的，百姓都能从他的恩泽中受益；当他施行处罚时，像雷霆霹雳那么可怕，就是神仙圣贤也不能豁免。所以明君不随便赏赐，不减免惩罚。赏赐随便了，功臣就会懈怠他的本职工作；减免了惩罚，奸臣就容易为非作歹。因此，如果确实有功，那么即使疏远卑贱的人也一定要赏赐；如果确实有罪，那么即使亲近喜爱的人也一定要惩罚。连疏远卑贱的人都必受赏赐，连亲近喜爱的人都必受惩罚，那么疏远卑贱的人就不会懈怠，而亲近喜爱的人就不会骄横了。

释义

韩非认为，"虚静""静退"是"为君之道"的核心。唯其虚心谦退，君主才能摒除成见，让臣下充分表现，从而因人授事；唯其冷静，君主才能够时刻保持头脑清醒，不致被欺骗蒙蔽。虚以识人,静以观变,如此才能够做到赏罚分明,激励臣工,从而实现国家大治。

圣 人 执 要

原文

事在四方①,要②在中央③。圣人执要,四方来效④。

——《韩非子·扬权》

注解:① 四方:此处指臣民。② 要:要害,关键,在这里指权柄。③ 中央:此处指君主,与"四方"相对。④ 效:效力。

今译

具体事务由臣民操办,大权却要掌握在君主手中。圣明的君主掌控住权柄,臣民就会前来效力。

释义

这几句话是韩非君主集权思想的简明概括。韩非认为,君主必须掌握最高权力,这是国家政治生活中的要害和关键。

圣人去智巧

原文

圣人之道，去①智与巧，智巧不去，难以为常②。民人用之，其身多殃；主上用之，其国危亡。因天之道，反③形之理，督参鞠之④，终则有始。虚以静后，未尝用己⑤。凡上之患，必同其端⑥；信而勿同，万民一⑦从。

——《韩非子·扬权》

注解：①去：去除，摒弃。②常：长久，经久不变。③反：类推，推究。④督参鞠之：督，监督，督查。参，检验。鞠，穷极，这里指穷究。⑤己：自己，这里指君主自己的主观成见。⑥端：方面，这里指臣下的某方面言论。⑦一：一致。

今译

圣明君主的原则，是要摒弃小聪明。不摒弃小聪明，就很难维持长久。百姓惯用小聪明，他自身就会多有祸殃；君主爱耍小聪明，他的国家就会陷入危险甚至灭亡。君主根据大自然的规律，推究臣民各种表现背后的事理，并不断检验、督查乃至穷究到底，如此循环往复，周而复始(便能自然而然地驾驭政权)。君主保持虚心冷静之后，就不会采用自己的主观成见。凡是君主的祸患，一定是认同一面之词；只有相信(真相)而不轻易认同(一面之词)，众臣民才会一致服从。

释义

韩非所倡导的治国之道是"因天之道，反形之理，督参鞠之，终则有始"，他认为这是与大自然运行规律相一致的大道，而不是玩弄权术，耍小聪明。靠心术和机巧治理国家，就会自作聪明，导致偏听偏信，最终使国家陷入危亡。

为人君者，数披其木

原文

为人君者，数披其木①，毋使木枝扶疏②；木枝扶疏，将塞公闾③，私门将实，公庭将虚，主将壅围④。数披其木，无使木枝外拒⑤；木枝外拒，将逼主处⑥。数披其木，毋使枝大本⑦小；枝大本小，将不胜春风⑧；不胜春风，枝将害心⑨。公子既众，宗室忧唫⑩。止之之道，数披其木，毋使枝茂。木数披，党与⑪乃离。掘其根本，木乃不神⑫。填其汹渊，毋使水清⑬。探其怀⑭，夺之威。主上用之⑮，若电若雷。

——《韩非子·扬权》

注解：① 数披其木：数（shuò），多次、屡次，引申为经常、时常。披，分开、裂开，这里引申为修剪、整顿。木，树，这里比

喻国家,下文的"木枝(树枝)"比喻臣子的势力。② 扶疏:树枝四处伸展的样子。此处比喻臣子的势力肆意发展。③ 公间:公门,与下文的"公庭"都是指国家。下文"私门"则指臣子的力量。④ 壅围:壅,蔽塞。围,围困。⑤ 外拒:向外发展。⑥ 主处:君主的地位。处,处所,地位。⑦ 本:树干,这里比喻君主。⑧ 不胜春风:胜,经得起。春风,比喻战乱、事变、政治动荡等意外变故。⑨ 心:树心,这里比喻君主。⑩ 宗室忧唫(yín):宗室,古代各诸侯国实行宗法世袭制度,继位的嫡长子为"太子",其他子弟则称为"公子",嫡长子的家庭称为"宗室"。忧唫,忧愁叹息。唫,同"吟"。⑪ 党与:同伙,同党的人,也写作"党羽"。⑫ 掘其根本,木乃不神:彻底摧毁重臣和公子的权势后,他们就不能兴风作浪制造事端了。根本,树根,这里指臣下和公子的权势。木,这里指臣下和公子。⑬ 填其汹渊,毋使水清:汹渊,水势汹涌的深潭,比喻奸人的巢穴。水清,指汹涌的水势暂时清平,比喻权臣大势已成。⑭ 怀:心意,心情,这里指权臣和公子不可告人的秘密。⑮ 之:指代上文所述"数披其木""掘其根本""填其汹渊""探其怀,夺之威"等削弱权臣和公子权势的法术。

今译

　　作为君主,应该时常修剪国家这棵大树,不要让臣下势力的树枝肆意伸展;如果臣下势力的树枝肆意伸展,将会布满整个国家,他们私人的势力将会充实,而国家的势力将会空虚,君主就会被蒙蔽、被围困。君主要经常修剪国家这棵大树,不要让臣下势力的树枝向外扩展;如果让臣下势力的树枝向外扩展,将会威胁到君主的地位。君主要经常修剪国家这棵大树,不要让臣下势力的树枝很粗壮而作为君主的树干却很弱小;如果臣下势力的树枝很粗壮而作为君主的树干却很弱小,国家这棵大树就经受不起料峭春风般的事变;如果国家经受不起事变,臣下势力的树枝将会伤害到作为树心的君主。诸公子人多势众之后，王室宗族难免忧愁叹息。防止这种情况出现的办法，就是经常修剪国家政局这棵大树，不要让诸公子势力的树枝茂盛起来。国家政局的大树经常得到修剪，臣下的同伙帮派就分崩离析。君主挖掉了权臣公子势力的树根，这棵大树也就没什么了不起的了。君主要填平可以兴风作浪的奸人的巢穴，不要让他们像暂时清平的深水一样蓄势待发。要探察他们的坏念头，剥夺他们的威势。君主采用上述办法，就会像闪电惊雷一样令臣下畏服。

释义

要想向上实现君主的高度集权，对下就必须不断分权以削弱臣子的势力。这段文字用比喻的方法，十分形象地阐明了削弱臣子势力、强化君主威严的必要性及其具体策略。因为在韩非看来，"有道之君，不贵其臣；贵之富之，彼将代之"（《韩非子·扬权》）。

人主当用其富

原文

爱臣太亲，必危其身；人臣太贵，必易①主位；主妾②无等，必危嫡子③；兄弟不服，必危社稷。臣闻千乘之君④无备，必有百乘之臣在其侧，以徙⑤其民而倾其国；万乘之君无备,必有千乘之家在其侧,以徙其威而倾其国。是以奸臣蕃息⑥,主道衰亡。是故诸侯之博大,天子之害也;群臣之太富,君主之败也。将相之管⑦主而隆国家⑧,此君人者所外⑨也。万物莫如身之至贵也,位之至尊也,主威之重,主势之隆也,此四美者不求诸外,不请于人,议⑩之而得之矣。故曰人主不能用其富,则终于外也。此君人者之所识⑪也。

——《韩非子·爱臣》

注解:① 易:更换,替代。② 主妾:妻妾。春秋战国时期,小妾称正妻为"主母"。③ 嫡子:正妻生的长子为"嫡子"。④ 千乘之君:乘(shèng),古时一车四马为一乘。周制,天子地方千里,出兵车万乘;诸侯地方百里,出兵车千乘;千乘之君就是指诸侯国国君。后文"万乘之君"便是指周天子。⑤ 徙:迁移,引申为流离失所,与后面的"倾"同为使动用法。后文"徙其威"中的"徙"引申为夺取。⑥ 蕃息:滋生增长。蕃,繁殖,增长。息,繁殖,滋生。⑦ 管:当为"营",迷惑。⑧ 国家:此处承接上文,可理解为将相的私家。隆,使……兴盛。⑨ 外:用作动词,排斥在外。⑩ 议:当为"义",合宜,恰当。⑪ 识:通"志",记住。

今译

宠臣过于亲近,必定危及君主自身;臣子过于显贵,必定取代君主的地位;妻妾不分等级,必定危及嫡子的安全;兄弟不顺从自己,必定危害国家的利益。我听说一个普通的诸侯国,如果国君对臣下没有防备,就一定有拥有百乘兵车的臣子在身边(窥视),从而让他的百姓流离失所,使他的国家倾覆;如果天子对诸侯国没有防备,就一定有诸侯国在旁边(窥视),企图夺取他的权势,颠覆他的国家。因此如果奸臣出现了,势力增强了,君主的权势就会消亡。所以诸侯强大是天子的祸害,群臣太富是君主的失败。将相迷惑君主使私家兴盛,这是君主应避免的局面。世间万物中,没有比君身更高贵、比君位更尊贵、比君威更强大、比君权更隆盛的,这四种美好的东西,不可借助于外界,不能求助于别人,只要处理恰当就得到了。所以说,如果君主不能充分利用他的这些优势,那么最终将会被排斥在政局之外,这是君主要牢记的。

释义

君臣关系怎么处理?韩非站在君主立场上,明确表示要保证君主的绝对权威,不能过分宠爱臣子。距离保证安全,等级保证稳定,君主时刻防备臣子势力膨胀对君权的威胁,就能够实现国家的长治久安。

立道与垂德

原文

明主之道忠①法,其法忠心,故临②之而法,去之而思。尧无胶漆之约③于当世而道行,舜无置锥之地于后世而德结。能立道于往古,而垂④德于万世者之谓明主。

——《韩非子·安危》

注解：① 忠：通"衷"，符合，适合。② 临：接近，靠近，此处有跟随、追随的意思。③ 胶漆之约：像胶和漆那样具有强大约束力的法令条约。④ 垂：留传，流传。

今译

英明君主的治国原则符合法治思想，他们的法治思想合乎臣民内心的愿望，所以百姓追随着这样的君主就会守法顺从，离开这样的君主后就会想念他们。尧在当时并没有制定极具约束力的法令条约，可是他的治国原则却顺利推行，舜在后世没有留下哪怕一丁点儿的土地，却成为崇高恒久的道德榜样。能够在古代创立治国的原则，并能为后世留下道德榜样的君主，就可称为英明的君主。

释义

韩非认为，他所宣扬的君道不仅合乎"天命"，而且还顺应"人心"。他强行建立起了"道"合"法"、"法"合"心"的逻辑，从而阐明他那君权至上的法家思想(亦即"道")是大势所趋、民心所向。如果说"天有大命，人有大命"(《韩非子·扬权》)是韩非法家思想的哲学基础，那么这段文字中"道—法—心"的逻辑链条则是他苦心孤诣而构建起来的伦理学框架。

明君之所以立功成名者四

原文

明君之所以立功成名者四：一曰天时，二曰人心，三曰技能，四曰势位。非①天时，虽十尧不能冬生一穗；逆人心，虽贲、育②不能尽人力。故得天时，则不务③而自生；得人心，则不趣④而自劝⑤；因技能，则不急而自疾⑥；得势位，则不进而名成。若水之流，若船之浮，守自然之道，行毋穷之令，故曰明主。

——《韩非子·功名》

注解：① 非：违背。② 贲、育：指孟贲和夏育，著名的勇士，传说这两人能力举千钧。③ 务：追求，谋求。④ 趣：通"促"，催促，督促。⑤ 劝：勉励。⑥ 疾：迅速，敏捷。

今译

英明的君主用来立功成名的条件有四个：第一是天时，第二是人心，第三是技能，第四是权势地位。违背了天时，虽然有十个尧也不能在冬天使土地生长出一个谷穗；违背了人心，虽然臣民都是孟贲、夏育这样的勇士，也不会竭尽全力。所以如果顺应天时，那么不必费力，谷穗也会自己生长出来；如果得到人心，那么不必督促,人们也会自己努力;如果依靠技能,那么不用着急,人们也会自己加快速度;如果得到权势和地位,那么不用汲汲进取,名声也会自然形成。就像水是流动的、船是漂浮的那样,君主遵循自然规律,推行畅通无阻的法令,所以称为英明的君主。

释义

不仅君主,人人都想功成名就。韩非为君主成就功名提出的四条建议,对我们同样具有积极意义。一般来说,要想取得成功,总离不开对客观条件(天时)、人际资源(人心)、自身能力(技能)、自我定位(势位)的准确判断和综合把握。

有术之君行必然之道

原文

夫圣人之治国,不恃①人之为吾善②也,而用③其不得为非也。恃人之为吾善也,境内不什数;用人不得为非,一国可使齐④。为治者用众而舍寡,故不务⑤德而务法。夫必恃自直之箭,百世无矢;恃自圜⑥之木,千世无轮矣。自直之箭、自圜之木,百世无有一,然而世皆乘车射禽者何也?隐栝⑦之道用也。虽有不恃隐栝而有自直之箭、自圜之木,良工弗贵也,何则?乘者非一人,射者非一发也。不恃赏罚而恃自善之民，明主弗贵也，何则？国法不可失，而所治非一人也。故有术之君，不随适然⑧之善，而行必然之道。

今或谓人曰："使子必智而寿"，则世必以为狂⑨。夫智，性也；寿，命也。性命者，非所学于人也，而以人之所不能为说⑩人，此世之所以谓之为狂也。谓之不能然，则是谕⑪也，夫谕性也。以仁义教人，是以智与寿说也，有度⑫之主弗受也。故善⑬毛嫱⑭、西施之美，无益⑮吾面；用脂泽粉黛，则倍其初。言先王之仁义，无益于治；明吾法度，必⑯吾赏罚者，亦国之脂泽粉黛也。故明主急其助⑰而缓其颂，故不道仁义。

——《韩非子·显学》

注解：① 恃：依靠。② 为吾善：自我完善。③ 用：使。④ 齐：整齐一致。⑤ 务：致力，从事。⑥ 圜：通"圆"。⑦ 隐栝(yǐn kuò)：又作"檃栝"，矫正竹木弯曲的器具，揉曲叫隐，正方称栝。⑧ 适然：偶然。⑨ 狂：通"诳"，欺骗，撒谎。⑩ 说：通"悦"，取悦，讨好。⑪ 谕：告知，使人明白。⑫ 度：法度。⑬ 善：称赞，以……为美。⑭ 毛嫱：即"毛嫱"，她和西施都是春秋时期越国的美女。⑮ 益：帮助，对……有好处。⑯ 必：一定，这里有"坚决执行"的意思。⑰ 助：作名词，对治理国家有帮助的东西，指法令条文、赏罚制度等。

今译

圣人治理国家，不指望百姓自我完善，而是使他们不能做坏事。要是指望百姓自我完善，国内找不出十个人；使人们不能做坏事,整个国家的百姓就能一个样儿。治理国家的人要采用大多数人都得遵守的规则,不能用只有少数人才能做到的办法,因此不应该致力于德治,而应该致力于法治。如果一定要靠自然挺直的箭杆造箭,几千年也没有箭用;如果一定要依靠自然长成的圆木作车轮,几万年也不会有车轮用。自然挺直的箭杆和自然长成的圆木,既然千年万载也没有一个,但是世人还都能坐上车,还都能射猎飞禽,那是为什么呢?那是因为使用了矫正竹木的工具和方法。即使有不靠矫正弯曲就自然合用的直杆和圆木,但好工匠是不看重的,为什么呢?因为要坐车的不是一个人,射箭的人也不是只发一箭。那些不靠赏罚而自动为善的百姓,英明的君主是不看重的,为什么呢?因为国法不可丧失,而所要统治的也不是一个人。所以有办法的君主,并不依随偶然的善行,而是推行必须推行的法则。

如果现在有人对别人说:“我一定让您又聪明又长寿”,那么世人一定认为他在撒谎。智慧,是一种禀赋;寿限,是命中注定的。禀赋和命运,不是从别人那里学来的东西,而拿人力不能做到的事情去取悦别人,这就是世人认为他在撒谎的原因。告诉人们不能这样做,就是让他们明白这个道理,明白人的本性。用仁义来教导百姓,这跟用智慧和长寿来取悦别人一样(是骗人的),讲究法度的君主是不会接受的。所以赞美毛嫱、西施的美丽,对自己的容貌毫无益处;用各种化妆品就能比原来加倍美丽。谈论先王的仁义之道,对治理国家毫无益处;彰明自己的法度,坚决执行自己的赏罚制度,就是治理国家所用的胭脂粉黛。所以英明的君主把对提升国力有帮助(的法令制度)作为当务之急,而懒得搭理那些歌功颂德的学说,所以英明的君主不空谈仁义。

释义

韩非强调法治的实用意义,他沿袭了荀子"人性恶"的观点,认为人的本性是利己的,善意是偶然的,也是不可靠的,主张治理国家只有依靠严格的法治。同时,他还将"法治"与"仁义"相对照,刻意贬儒扬法,强调法家学说在为君治国中的实用功效。

十　过

原文

　　十过:一曰,行小忠,则大忠之贼也。二曰,顾小利,则大利之残也。三曰,行僻①自用,无礼诸侯,则亡身之至也。四曰,不务②听治③而好五音,则穷身之事也。五曰,贪愎④喜利,则灭国杀身之本也。六曰,耽于女乐,不顾国政,则亡国之祸也。七曰,离内⑤远游而忽于谏士,则危身之道也。八曰,过⑥而不听于忠臣,而独行其意,则灭高名为人笑之始也。九曰,内不量⑦力,外恃诸侯,则削国之患也。十曰,国小无礼,不用谏臣,则绝⑧世之势也。

——《韩非子·十过》

注解：① 行僻：行为怪癖。② 务：致力，从事。③ 听治：指治理国家，处理政事。听，治理，处理，与"治"意同。④ 愎(bì)：固执，任性。⑤ 内：朝廷。⑥ 过：犯过失。名词用作动词。⑦ 量：忖度，衡量。⑧ 绝：使……断绝。上文"三曰"至"十曰"中的"亡""穷""灭""杀""危""削"等，用法与此相同。

今译

君主的十种过错：第一种叫献小忠，这是对大忠的祸害。第二种叫贪图小利，这是对大利的危害。第三种叫行为怪僻，自以为是，对其他诸侯国没有礼仪，这是最严重的使自身灭亡的过失。第四种叫不致力于治理国家而沉溺于音乐，这是使自己陷入困境的事情。第五种叫贪心固执、喜欢私利，这是亡国杀身的根源。第六种叫沉溺于女色歌舞，不关心国家政事，这是亡国的祸害。第七种叫离开朝廷到远方游玩，又不听取谏士的规劝，这是使自己遭受危险的做法。第八种叫有过错却不听忠臣劝谏，而又一意孤行，这是丧失好名声并被人耻笑的开始。第九种叫对内不自量力，对外依靠其他诸侯国，这是使国家削弱的祸患。第十种叫国家很小又不讲礼节，也不采纳谏臣的意见，这是使子孙后代断绝承继的势头。

释义

战国乱世，诸强争霸，风云四起。作为一个诸侯国的君主，立稳脚跟尚属不易，取得发展更为艰难，因此君主必须避免失误、过错。韩非上述"十过"，主要围绕三个方面对君主提出告诫：第一要大处着眼，第二要清心寡欲，第三要谦虚低调。当然，注意自身修养，勤政执法，也是为君之道不可或缺的内容。

宫之奇谏假道

原文

　　晋献公以垂棘之璧①假②道于虞③而伐虢④，大夫宫之奇谏曰："不可。唇亡而齿寒，虞、虢相救，非相德⑤也。今日晋灭虢，明日虞必随之亡。"虞君不听，受其璧而假之道。晋已取虢，还，反灭虞。

　　　　　　　　　　　　——《韩非子·喻老》

　　注解：① 垂棘之璧：垂棘出产的美玉。垂棘，春秋时晋国地名，以产美玉著称。② 假：借。③ 虞：周代诸侯国名，在今山西境内。④ 虢（guó）：周代国名。⑤ 相德：互施恩惠。

今译

　　晋献公用垂棘出产的宝玉作为代价，向虞国借道去攻打虢国。虞国大夫宫之奇劝阻虞君说："不行。嘴唇失去了，牙齿也会受寒！（唇齿相依的）虞国和虢国应互相救助，不应拿对方来向别人博取小恩小惠。今天晋国灭了虢国，明日虞国必将随之灭亡。"虞君不听宫之奇的意见，收下晋献公的美玉，把道路借给了晋军。晋军消灭虢国以后，回军途中果然消灭了虞国。

释义

虞国国君因贪图小利,不识大局,最终导致虞国的灭亡。韩非在此告诫君主,要认清形势,洞察事端,防患于未然,不要因小失大,贪小便宜而酿出大祸端。

以有余补不足

原文

古之人目短于自见①,故以镜观面;智短于自知,故以道②正己。故镜无见疵③之罪,道无明④过之怨。目失镜则无以⑤正须眉⑥,身失道则无以知迷惑。西门豹⑦之性急,故佩韦⑧以自缓;董安于⑨之心缓,故佩弦以自急。故以有余补不足,以长续短之谓明主。

——《韩非子·观行》

注解:①短于自见:看不见自己的面孔。短,缺少。②道:准则,这里指法术。③见疵:显露毛病。见,通"现",显现,暴露。疵,毛病,缺点。④明:彰显,显露。⑤无以:可译为"没有办法……",或"没有用来……的办法"。⑥须眉:胡须和眉毛,这里代指容貌。⑦西门豹:战国时期魏国人,是法家的早期人物。他在魏文侯时曾为邺邑令,兴修水利,发展农业生产,取得很大成绩。⑧韦:去毛鞣治而成的熟牛皮,质地柔韧。⑨ 董安于：春秋末年晋国人，是晋国大夫赵简子的家臣。

今译

古人因为眼睛缺少看见自己的能力，所以借助镜子来观察面容；因为智慧方面缺少自知的能力，所以用规则法术来端正自己。所以镜子没有暴露了瑕疵的罪过，法则没有因彰显过失而招致怨恨。眼睛失去了镜子，人就没有办法整饰面容；人失去了法则的指导，就没有办法来明辨是非。西门豹性情急躁，所以就佩带着柔韧的熟牛皮来让自己放宽缓一些；董安于个性缓慢，所以就佩带着绷紧的弓弦来让自己紧张起来。所以能够用别人的优势来弥补自身不足，用别人的长处来接续自身的短处，就称得上是英明的君主。

释义

韩非在这里论述了君主自我约束、自我提高的必要性。如果不依靠法术和准则来见疵明过，人就将永远迷茫无知，裹足不前，所谓"取人之长，补己之短"是也。因此，英明的君主不仅要以道正己，而且还应不忘时时自警。

寄形天地，历心山海

原文

上不天则下不遍覆，心不地^①则物不毕载^②。太山③不立好恶，故能成其高；江海不择小助，故能成其富。故大人④寄形于天地而万物备，历心于山海而国家富。上无忿怒之毒⑤，下无伏⑥怨之患，上下交朴⑦，以道为舍⑧。故长利积，大功立，名成于前，德垂于后，治之至⑨也。

——《韩非子·大体》

注解：①地：这里指像大地那样广阔无际。②载：用交通工具装载，引申为容纳。③太山：泰山。④大人：古代称职位或辈分高的人，这里指统治者、君主。⑤毒：伤害。⑥伏：隐藏，潜藏。⑦交朴：都返璞归真。交，全，都。朴，本质，本性。⑧舍：归宿。⑨治之至：国家清平安定的最高境界。至，极致，最高境界。

今译

如果上面没有辽阔的天空，就不能覆盖整个世界；如果心胸不能像大地那样宽广，就不能容纳世间万物。泰山(对土块石头)不树立好恶的标准，所以能够形成它的高大；大江大海不挑剔细小的水流，所以能够形成它的浩瀚。所以君主把自身寄托于天地之间，万物就齐备了，内心像高山大海那样宽容，国家就富强了。君主不因愤怒而伤害臣民，臣民不隐藏对君主的怨恨而形成的隐患，君主和臣下都很真实自然，把社会法则作为归宿。所以长远利益积聚起来，巨大功业建立起来，生前成就名望，后世流传下恩德，这是治理国家的最高境界。

◀ 释义 ▶

　　韩非以天空、大地、泰山和江海设喻，强调君主的气度和胸怀对于实现国家大治的重要意义。他认为，国君应具有恢宏的气魄和博大的胸怀，这样才能不偏不倚，公众无私，上下同心，功成名就。

第二单元
权势与法术

　　韩非是法家集大成者，他把商鞅的"法"、申不害的"术"和慎到的"势"熔为一炉，主张君主治国要将法、术、势三者结合起来使用。韩非认为君主应该要牢牢掌握权势，以权术驾驭大臣，用法令统辖百姓，这样才能富国强兵，争雄天下。

　　本单元着重选录韩非对于法、术、势三者相结合以巩固君主权力地位的论述，同时也收录了一些关于法、术、势的基本理念的论述。

圣 王 立 法

原文

　　圣王之立法也，其赏足以劝①善，其威足以胜暴，其备②足以必完③法。治世之臣，功多者位尊，力极者赏厚，情尽者名立。善之生如春，恶之死如秋，故民劝极力而乐尽情，此之谓上下相得④。上下相得，故能使用力者自极于权衡⑤，而务至于任鄙⑥；战士出死，而愿为贲、育⑦；守道者皆怀金石之心，以死子胥⑧之节。用力者为任鄙，战如贲、育，中为金石，则君人者高枕而守已完矣。

——《韩非子·守道》

　　注解：① 劝：劝勉。② 备：设施，措施。③ 完：使……完善。④ 上下相得：上级和下属互相满意。得，满意。⑤ 自极于权衡：使自己非常合乎法度标准。极，尽，达到顶点。权衡，法度，标准。权，指秤砣。衡，指秤杆。⑥ 任鄙：秦武王时期的大力士。⑦ 贲、育：指勇士孟贲、夏育。⑧ 子胥：即伍子胥，名员，字子胥，春秋末期楚国人，吴国大夫。吴国倚重伍子胥等人之谋，遂成为诸侯一霸。

今译

　　圣明的君主建立法制，他的奖赏足以鼓励人们做好事，他的威慑力足以制止暴乱，他的措施足以保证法制完善。治理国家的臣子，立功多的人爵位就尊贵，竭尽全力的人得到的奖赏就优厚，竭尽忠诚的人名声就确立起来。（如此一来）善行就像春天万物一样生机勃发，恶行便如暮秋生物一般渐次凋零，所以百姓就互相勉励，乐于为国全力以赴，竭尽忠诚，这就叫做君主和臣民互相投合，没有隔阂。君主和臣民相得无间，所以能使出力气的人自觉地极力使自己的行为合乎法度标准，务必做到像（秦武王时的力士）任鄙那样卖力；能使战士抱着必死的决心出征，甘愿像勇士孟贲、夏育一般（奋不顾身）；能使执守法度的人都怀着金石一般的决心，愿意像伍子胥那样以死尽忠。如果出力的人都成了任鄙那样的人，出征作战的人都像孟贲、夏育那样，臣民的忠贞之心像金石一般坚不可摧，那么君主就可以高枕而卧，就能完全守护住自己的权势了。

释义

守道，就是守卫国家政权的方略。韩非认为，守道最重要的就是法治。只有依法施治，赏罚分明，才能使民益劝，臣益忠，战士效死而战。君主与臣民上下相得，君逸而臣劳，轻而易举地就能完成守卫国家、稳定政权的大业。

世乱与王资

原文

夫耕之用力也劳，而民为之者，曰：可得以富也。

战之为事也危，而民为之者，曰：可得以贵也。今修文学①，习言谈，则无耕之劳而有富之实②，无战之危而有贵之尊，则人孰不为也？是以百人事③智而一人用力。事智者众，则法败④；用力者寡，则国贫，此世之所以乱也。

故明主之国，无书简⑤之文，以法为教；无先王之语，以吏为师；无私剑之捍⑥，以斩首为勇。是境内之民，其言谈者必轨⑦于法，动作者归之于功⑧，为勇者尽之于军。是故无事则国富，有事则兵强，此之谓王资⑨。既畜⑩王资而承⑪敌国之釁⑫，超五帝⑬，侔三王⑭者，必此法也。

——《韩非子·五蠹》

注解：①修文学：指研究、学习儒家学说。修，钻研，学习。文学，古代泛指文章典籍方面的学问，这里特指儒家学说。②实：实惠。③事：从事，做。④败：破坏，此处表被动。⑤书简：这里指写在竹片上的儒家书籍。简，战国至魏晋时代的书写材料，是削制成的狭长竹片或木片，竹片称"简"，木片称"札"或"牍"，统称为"简"。⑥捍：通"悍"，用作名词，凶悍的事。⑦轨：依循，遵循，用作动词。⑧功：事情，工作，这里指农耕之事。⑨王资：统一天下的凭借。王，称王，统一天下。资，凭借，依靠，资本。⑩畜：通"蓄"，积累，积蓄。⑪承：乘，趁着。⑫釁（xìn）："衅"的异体字，缝隙。⑬五帝：据《史记》应为黄帝、颛顼、帝喾、尧、舜五位上古时期的君主。⑭侔三王：建立与三王相同的功业。侔（móu），相等，等同。三王，指夏禹、商汤、周文王和周武王等三代的开国君主。

今译

　　耕田要用力气,很辛苦,而民众却努力耕田,说这可以实现富足;作战是十分危险的事情,而民众却愿意从军,说这可以得到显贵。如今学习儒家学说,练习言谈技巧,没有耕田人的劳苦却有富足的实惠,没有作战的危险却有显贵的尊荣,那么谁不想这样呢? 因此就出现了一百个人从事于智谋,却只有一个人致力于耕战的情形。从事于智谋的人多了,法度就会被破坏;致力于耕战的人少了,国家就会贫穷,这就是社会混乱的原因。

　　因此,在明君的国家里,没有儒家的文献典籍,而以法令制度实施教化;没有先王的陈词滥调,而以文法官吏为师法榜样;没有游侠刺客的凶悍行径,而以杀敌立功为勇敢。这样国内的民众,言论一定会遵循法令,从事劳动的人都尽力农耕,勇敢的人尽力作战。因此没有战事国家就富足,有了战事兵力就强盛,这就叫做称王天下的资本。既能积累称王天下的资本,又能利用敌国的可乘之机,那么要超过五帝、等同三王,一定得用这种办法。

释义

　　韩非认为,"儒以文乱法,侠以武犯禁,而人主兼礼之,此所以乱也"。因此他继承并发展了商鞅"燔诗书而明法令"的主张,提出了"以法为教""以吏为师"等一系列措施,其目的是为诸侯国实现富足强大,从而完成天下统一、巩固中央集权服务。

术与法皆帝王之具

原文

问者曰："申不害、公孙鞅①，此二家之言②孰急③于国？"

应之曰："是不可程④也。人不食，十日则死；大寒之隆，不衣亦死。谓之衣食孰急于人，则是不可一无也，皆养生之具⑤也。今申不害言术而公孙鞅为法。术者，因任⑥而授官，循名而责⑦实，操杀生之柄，课⑧群臣之能者也，此人主之所执也。法者，宪令著⑨于官府，刑罚必于民心，赏存乎慎法，而罚加乎奸令⑩者也。此臣之所师⑪也。君无术则弊⑫于上，臣无法则乱于下，此不可一无，皆帝王之具也。"

——《韩非子·定法》

注解：① 申不害、公孙鞅：两人都是法家学派前期的重要代表。申不害（约前385—前337），亦称"申子"，作为战国中期法家的代表人物，他主张用"术"，在韩为相十几年，使韩国国治兵强。公孙鞅（约前390—前338），又称卫鞅、商鞅，战国时卫国贵族，以变法强国之术说秦孝公，使秦国大治，史称"商鞅变法"。② 言：言论，学说，这里指政治主张。③ 急：重要，要紧。④ 程：衡量，比较。⑤ 具：必备条件，用作名词。⑥ 任：才能，能力。⑦ 责：责成，要求。⑧ 课：测试，考核。⑨ 著：编著，制定。⑩ 奸令：犯法。奸，触犯。⑪ 师：遵循，学习。⑫ 弊：通"蔽"，受蒙蔽。

今译

有人问道:"申不害、公孙鞅,这两家主张哪个对于国家更重要?"

回答说:"这不可以比较。人不吃食物,十天就会饿死;天气寒冷到极点,不穿衣也会冻死。要说穿衣吃饭哪样对人更重要,则应当是缺一不可的,它们都是维持生命的必备条件。如今申不害主张术治而公孙鞅主张法治。所谓术治,就是根据能力来授予官职,根据官名来责求实效,掌握住生杀大权,考核群臣才能的办法。这是君主必须牢牢掌握的。所谓法治,就是法令条文由官府制定,刑罚制度一定要贯彻到民众心里,奖赏给予那些谨守法规的人,而惩罚施加在触犯法令者的身上。这是臣下务必遵循的。君主不掌握术治就会在上面被蒙蔽,臣下不贯彻法治就会在下面出乱子。这两者不可或缺,都是君主治国必须具备的。"

释义

这段文字一问一答,指出了早期法家代表人物申不害与商鞅法治思想的不完备。韩非认为,申不害只知用术而商鞅只知变法,这都有道理,但同时又有弊端,只有汲取他们的教训,法术并用,才能富国强兵,称王天下。

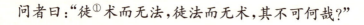

徒术徒法皆不可

原文

问者曰:"徒①术而无法,徒法而无术,其不可何哉?"

对曰："申不害，韩昭侯之佐也。韩者，晋之别国也。晋之故法未息^②，而韩之新法又生；先君之令未收，而后君之令又下。申不害不擅^③其法，不一^④其宪令，则奸多。故利在故法前令则道之，利在新法后令则道之，利在故新相反，前后相勃^⑤，则申不害虽十使昭侯用术，而奸臣犹有所谲^⑥其辞矣。故托^⑦万乘之劲韩，十七年而不至于霸王者，虽用术于上，法不勤饰^⑧于官之患也。公孙鞅之治秦也，设告相坐而责其实，连什伍而同其罪^⑨，赏厚而信，刑重而必^⑩。是以其民用力劳而不休，逐敌危而不却，故其国富而兵强；然而无术以知奸，则以其富强也资人臣^⑪而已矣。及孝公、商君死，惠王即位，秦法未败也，而张仪^⑫以秦殉^⑬韩、魏。惠王死，武王即位，甘茂^⑭以秦殉周。武王死，昭襄王即位，穰侯^⑮越韩、魏而东攻齐，五年而秦不益尺土之地，乃^⑯城^⑰其陶邑之封。应侯^⑱攻韩八年，成其汝南之封。自是以来，诸用秦者，皆应、穰之类也。故战胜，则大臣尊；益地，则私封立，主无术以知奸也。商君虽十饰其法，人臣反用其资。故乘^⑲强秦之资数十年而不至于帝王者，法虽勤饰于官，主无术于上之患也。"

——《韩非子·定法》

注解：① 徒：仅仅，只有。② 息：停息，停止。③ 擅：专行，独自掌握。④ 一：统一。⑤ 利在故法前令则道之，利在新法后令则道之，利在故新相反，前后相勃：故法，即前令。新法，指后令。道，由，从。勃，通"悖"，违背，冲突。⑥ 谲：诡

诈，欺骗。⑦ 托：凭借，依托。⑧ 饰：通"饬"，整顿，整治。后文中"饰"的用法与此相同。⑨ 设告相坐而责其实，连什伍而同其罪：告，检举，告发。相坐，互相牵连，一起判罪。坐，判罪。什伍，按秦国户籍制度，五家为一伍，二伍为一什。⑩ 赏厚而信，刑重而必："信""必"指言出必诺，法出必行。⑪ 资人臣：指提供臣子争权夺利的机会。资，提供，帮助。⑫ 张仪：魏国人，战国时期著名的政治家、外交家和谋略家，曾两次为秦相，前后共 11 年。⑬ 殉：为某种目的而牺牲。⑭ 甘茂：秦国丞相，秦武王三年，武王想去周，甘茂即领兵攻打韩国的宜阳，使武王通过宜阳而到周，但秦国动员了大量军队，消耗了力量。⑮ 穰侯：即魏冉，曾任秦昭襄王的丞相，因封于穰，故称穰侯。⑯ 乃：竟然，却。⑰ 城：即"成"。⑱ 应侯：即范雎，战国时魏人，著名政治家、军事谋略家，继商鞅、张仪等人之后任秦国丞相，对秦的强大和统一天下起了重大作用，因封于应，称应侯。⑲ 乘：凭借。

今译

有人问道："只用术而不用法，或只用法而不用术，这样为什么不可以呢？"

回答说："申不害是韩昭侯的辅佐大臣。韩国是晋国分出来的一个国家。晋国的旧法律还没有废除，而韩国的新法律又产生了；前代君主的政令还没有收回，而后代君主的政令又下达了。申不害不专行韩法，也不去统一新旧政令，那么奸邪之事就多了。所以人们看到旧法令对他们有利就依照旧法令行事，新法令可利用就按照新法令行事，新旧法令相互对立，前后违背，这对他们有利。那么申不害虽然以十倍的努力让韩昭侯运用权术，而奸臣们仍然有办法用言辞来进行诡辩。所以凭借着万乘兵车的强大韩国，经过十七年却不能成为霸主的原因，就在于虽然君主运用了术治，却没有在官吏中经常整顿法制而造成了祸患。公孙鞅治理秦国，设立了互相告发株连定罪的制度而求得犯法的真实情况，什伍株连，一同治罪，奖赏丰厚而且信守承诺，刑罚很重而且一定执行。因此那些百姓努力劳作而不休息，追击敌人很危险却毫不退缩，所以在他治理下，国家富裕，兵力强盛；然而他没有运用术治来识别奸邪，那就只能把富强提供给权臣去争权夺利了。等到秦孝公、商鞅死后，秦惠王即位，秦国的法治还没有完全败坏，而张仪已经把秦国牺牲在对付韩国、魏国上了。秦惠王死后，秦武王即位，甘茂把秦国又牺牲在向周进军的战争上了。秦武王死后，昭襄王即位，穰侯魏冉越过韩国、魏国向东攻打齐国，经过五年而秦国没有增加一尺土地，却成就了他陶邑的封地。应侯范雎攻打韩国八年，也成就了他在汝水南面的封地。从此以后，凡是在秦国受到重用的人，都是应侯范雎、穰侯魏冉之类的人了。所以作战胜利了，那么大臣就尊贵；扩大了地盘，那么臣子个人的封地就建立起来了，这是因为君主没有运用术治识别奸邪啊。商鞅虽然以十倍的努力整顿法治，臣子们却反过来利用了他提供的资本。所以凭着强大的秦国的实力，几十年还不能达到称帝称王地步的原因，就在于虽然在官吏中经常整顿法治，君主在上面却没有运用术治而造成了祸患。"

释义

这段文字同样运用对话体，讨论了单独运用术治，或单独运用法治的弊端。作者阐明的观点是：单独使用术治或法治，效果都不理想，只有将术治和法治结合起来，才能更好地治理国家。

法莫如显，而术不欲见

原文

管子曰："言于室,满于室;言于堂,满于堂:是谓天下王。"①

或曰：管仲之所谓言室满室、言堂满堂者,非特②谓游戏饮食之言也,必谓大物③也。人主之大物,非法则术也。法者,编著之图籍④,设之于官府,而布之于百姓者也。术者,藏之于胸中,以偶众端⑤而潜御⑥群臣者也。故法莫如显,而术不欲见⑦。是以明主言法,则境内卑贱莫不闻知也,不独⑧满于堂;用术,则亲爱近习⑨莫之得闻也,不得满室。而管子犹曰"言于室满室,言于堂满堂",非法术之言也。

——《韩非子·难三》

注解：①"言于室,满于室;言于堂,满于堂:是谓天下王"：语见《管子·牧民》篇。室,内室。堂,朝堂。堂在前,用以处理公务;室在后,用以日常起居。②特：只是,仅仅。③大物：大事,这里指法与术。④图籍：成文的法典。⑤偶众端：参合众事,应对各种事务。偶,适应,应付,应对。众端,纷纭的头绪,众多的事务。⑥潜御：暗中驾驭。潜,暗中。御,驾驭,控制。⑦见：通"现",显露。⑧独：仅仅。⑨近习：左右亲信。

今译

管子说："在后室讲话,满屋子的人都能听到;在朝堂讲话,满朝堂的人都能听到：这样的君主可称为天下王。"

有人说：管仲所说的在后室讲话,满屋子的人都能听到,在朝堂讲话,满朝堂的人都能听到,不仅仅指日常游戏饮食之类的话,一定说的是国家大事。君主的大事,不是法令就是权术。法令是编写好的成文法典,放置在官府里,而公布到民众中去的。权术是藏在君主胸中,用来对付各种各样事情并暗中驾驭群臣的。所以法令制度没有比公开更好的了,而权术却不该显露出来。因此明君谈到法令,就是国内卑贱的人也没有不知道的,不仅仅满朝堂的人知道；而运用权术时,就连宠爱亲信的人也不能够知道,更不能让满屋子的人知道。但管子仍然说"在后室讲话,满屋子的人都能听到,在朝堂讲话,满朝堂的人都能听到",说的就不是法术了。

释义

管仲谈论的是为人要光明磊落,韩非借题发挥,讨论君主如何把握"法"和"术",如何将"法"和"术"结合运用,各见其效。他强调国家法令要明文规定,公之于众,同时君主还要暗中施展权术控制群臣。法术结合才是大权在握的君主必须考虑的大事。

使天下必为己视听之道

原文

明主者,使天下不得不为①己视,天下不得不为己听。故身在深宫之中而明照四海之内，而天下弗能蔽、弗能欺者何也？暗②乱之道废，而聪明之势兴也。故善任③势者国安，不知因④其势者国危。古秦之俗，君臣废法而服私⑤，是以国乱兵弱而主卑。商君说秦孝公以变法易俗⑥而明公道，赏告奸，困⑦末作⑧而利本事⑨。当此之时，秦民习⑩故俗之有罪可以得免、无功可以得尊显也，故轻⑪犯新法。于是犯之者其诛⑫重而必，告之者其赏厚而信，故奸莫不得而被⑬刑者众，民疾怨⑭而众过⑮日闻。孝公不听，遂⑯行商君之法，民后知有罪之必诛，而私奸者众也，故民莫犯，其刑无所加。是以国治而兵强，地广而主尊。此其所以然者，匿罪之罚重，而告奸之赏厚也。此亦使天下必为己视听之道也。至治之法术已明矣，而世学者⑰弗知也。

——《韩非子·奸劫弑臣》

注解：①为：成为。②暗：愚昧，糊涂。③任：使用。④因：凭借，借助。⑤服私：做非法之事。服，从事，做。私，非法的，这里用作名词。⑥易俗：改变习俗。易，改变。⑦困：限制，抑制。⑧末作：下等职业，这里指工商业。⑨本事：基本事业，这里指耕战。⑩习：习惯于。⑪轻：轻视。⑫诛：惩罚。⑬被：遭受。⑭疾怨：痛恨埋怨。⑮过：指责。⑯遂：决断。⑰学者：指当时儒家、墨家等显学流派的人物。

今译

作为明君，要使天下人不得不成为我的眼睛，不得不成为我的耳朵。所以身处深宫之中，却能明察四海之内，而天下臣民不能蒙蔽和欺骗他,为什么呢? 因为愚昧混乱的做法被废止了,而使耳聪目明的权势确立了。所以善于运用权势的君主,国家就安定;不懂得借助权势的君主,国家就会出现危险。古代秦国的风俗,君臣废弃法度而做非法的事,因此国家混乱,兵力衰弱而君主低微。商鞅劝说秦孝公改变旧法,变更习俗,倡明公道,奖赏告发奸邪者,抑制工商业,为耕战提供便利。在这种时候,秦国百姓习惯于有了罪过可以得到赦免、没有功劳也可以得到尊贵显耀名位的旧俗,所以并不把触犯新法当回事儿。于是对违反新法的人刑罚严厉而坚决,对告发奸邪的人赏赐优厚而守信,所以奸邪的人没有不被发现的,遭受刑罚的人很多,民众怨恨,大家的责难每天都能听到。秦孝公不加理睬,坚决推行商鞅的法令。民众后来知道有罪一定会受到惩罚,而告发奸私的人多,所以民众没有人敢犯罪,刑罚也就没有对象可以施加了。因此,国家太平而军力强盛,土地广大而君主尊贵。秦国之所以能够这样,是因为对包庇罪犯的惩罚严厉,对告发奸邪的赏赐优厚。这也是使天下人一定会成为自己耳目的方法。使国家极其富强安定的法术已经很明了了,而当世儒家、墨家等显学流派的学者们却根本不懂。

释义

　　韩非认为君主占据权位,施展权术,久而久之,臣民逐渐循规蹈矩,都会成为君主的耳目,君主便能洞若观火,明察四海了。他强调法、术、势的完美结合,认为只有这样才是最好的治国之道,他很瞧不上儒家、墨家的那些学者,认为他们迂腐虚夸,毫无用处。

治国之有法术赏罚

原文

治国之有法术赏罚，犹若陆行之有犀车①良马也，水行之有轻舟便楫②也，乘③之者遂得其成。伊尹④得之汤以王，管仲⑤得之齐以霸，商君得之秦以强。此三人者，皆明于霸王之术，察于治强之数⑥，而不以牵⑦于世俗之言；适⑧当世明主之意，则有直任⑨布衣之士，立为卿相之处；处位治国，则有尊主广地之实⑩：此之谓足贵⑪之臣。汤得伊尹，以百里之地立为天子；桓公得管仲，立为五霸主，九合诸侯⑫，一匡⑬天下；孝公得商君，地以广，兵以强。故有忠臣者，外无敌国之患，内无乱臣之忧，长安于天下，而名垂⑭后世，所谓忠臣也。

——《韩非子·奸劫弑臣》

注解：①犀车：坚车。犀，坚固。②楫：船桨。③乘：凭借。④伊尹：商汤大臣，为商朝理政安民五十余载，治国有方，是历史上有名的贤相。⑤管仲：春秋时期大政治家，辅佐齐桓公创立霸业。⑥数：策略，权术。⑦牵：拘泥。⑧适：适合，符合。⑨直任：直接任用。任，任用。⑩实：实绩。⑪足贵：值得尊重。贵，尊重，形容词用作动词。⑫九合诸侯：多次联合诸侯会盟。九，表多次。⑬匡：辅助，救助。

⑭ 垂：流传。

今译

　　治理国家有法术赏罚，就好比在陆地上行走有坚车良马，在水路上行走有轻舟便桨，凭借它的人就会获得成功。伊尹掌握了它，商汤因此称王；管仲掌握了它，齐桓公因此称霸；商鞅掌握了它，秦国因此强大。这三个人，都明晓成就霸王之业的法术，洞察治国强兵的权术，而不拘泥于世俗的主张；他们符合当代君主的心意，就由布衣之士直接得到任用，确立了卿相的地位；他们处在卿相的职位上治理国家，就收到了使君主尊显、领地扩大的实绩，这种人才称得上是值得尊敬的大臣。商汤得到伊尹，凭借百里之地成为天子；齐桓公得到管仲，成为春秋五霸的霸主，多次召集诸侯大会，完全改变了天下混乱的局面；秦孝公得到商鞅，领地因而扩大，兵力因而强盛。所以有了忠臣，对外就没有敌对国家入侵的忧患，对内就没有对乱臣贼子祸乱天下的担忧，天下长治久安，名声流芳后世，这就是所说的忠臣了。

释义

　　韩非之所以盛赞伊尹、管仲和商鞅，是因为在他看来，这些人精通"霸王之术"，熟悉"治强之数"，并进而指出，臣子的法术和君主的权势一旦结合，就能够富国强兵，成就霸业，臣子因而就能成为忠良名臣，君主因而就能成为英明霸主。

赏罚者邦之利器

原文

势^①重者,人君之渊^②也。君人者势重于人臣之间,失则不可复得也。简公失之于田成^③,晋公失之于六卿^④,而邦亡身死。故曰:"鱼不可脱于深渊。"赏罚者,邦之利器也,在君则制臣,在臣则胜^⑤君。君见^⑥赏,臣则损之以为德^⑦;君见罚,臣则益之以为威。人君见赏而人臣用其势,人君见罚而人臣乘^⑧其威。故曰:"邦之利器,不可以示^⑨人。"

——《韩非子·喻老》

注解:① 势:权力,权势。② 渊:深渊。③ 简公失之于田成:齐简公四年(前481年),田成杀死简公,拥立齐平公,自任相国,齐国从此由田氏专权,三传至太公和,正式代齐。田成,又称田成子,名恒,春秋时齐国大臣,后人因避西汉文帝刘恒讳,称为田常。④ 晋公失之于六卿:自公元前606年晋成公即位以后,六卿即韩氏、赵氏、魏氏、范氏、中行氏、智氏作为异姓卿大夫逐渐掌握了兵权,基本控制了晋国的政权,晋公也就有名无实了。这里的晋公,指成公以后的晋国国君。⑤ 胜:克服,制服。⑥ 见(xiàn):显现,表示。⑦ 德:恩惠。⑧ 乘:利用。⑨ 示:给……看。

今译

权势很有威严,是君主的深潭。君主,在臣下之间要有权势,失去了权势就不可能再得到了。齐简公让权势落到田成子手中,晋国国君让权势落到六卿手中,于是国家就灭亡了,自己也被处死。所以《老子》说:"鱼不可以脱离深渊。"赏罚是国家的锐利武器,握在君主手中就能控制臣下,握在臣下手中就能制服君主。君主表示要行赏,臣子就克扣一部分来施行个人恩惠;君主表示要行罚,臣子就加重刑罚来显示私人威风。君主表示要行赏,臣子就利用了他的权势;君主表示要行罚,臣子就利用了他的威严。所以《老子》说:"国家的锐利武器,不可以给别人看。"

释义

韩非认为,君主的权势如同深渊,而臣子则是权势这个深渊里的鱼。"鱼失于渊",君主就失去了对权势的控制,将陷入危境。因此他告诫君主,千万不要让赏罚的利器被利用来增加臣子的权势和威严。而谨防权势被利用,就必须明白"邦之利器,不可以示人"。

论宝若此其难也

原文

楚人和氏①得玉璞楚山中,奉②而献之厉王③,厉王使玉人相④之，玉人曰："石也。"王以和为诳⑤，而刖⑥其左足。及厉王薨⑦，武王即位。和又奉其璞而献之武王，武王使玉人相之，又曰："石也。"王又以和为诳，而刖其右足。武王薨，文王即位，和乃抱其璞而哭于楚山之下，三日三夜，泣⑧尽而继之以血。王闻之，使人问其故，曰："天下之刖者多矣，子奚哭之悲也？"和曰："吾非悲刖也，悲夫宝玉而题⑨之以石，贞士⑩而名之以诳，此吾所以悲也。"王乃使玉人理⑪其璞而得宝焉，遂命曰"和氏之璧"。

夫珠玉，人主之所急也，和虽献璞而未美⑫，未为主之害也，然犹两足斩而宝乃论⑬，论宝若此其难也。今人主之于法术也，未必和璧之急也，而禁群臣士民之私邪；然则有道者之不僇⑭也，特帝王之璞未献耳。主用术则大臣不得擅断，近习⑮不敢卖重；官行法则浮萌⑯趋于耕农，而游士危于战陈⑰，则法术者乃群臣士民之所祸也。人主非能倍⑱大臣之议，越民萌之诽⑲，独周乎道言也⑳，则法术之士虽至死亡，道必不论矣。

——《韩非子·和氏》

注解：① 和氏：春秋时期楚国人氏，姓卞，名和。② 奉：恭敬地用手捧着。③ 厉王：春秋时期楚国君主。后文中的武王、文王，都是继厉王之后的楚国君主。④ 相：察看，仔细看。⑤ 诳：欺骗，迷惑。⑥ 刖：古代削足之刑。这里用作动词。⑦ 薨(hōng)：古代称诸侯之死。⑧ 泣：眼泪。⑨ 题：品评，评论。⑩ 贞士：志节坚定、操守方正之士。贞，坚定，有节操。⑪ 理：（对玉石）加工，雕琢。⑫ 美：欣赏，赞美。⑬ 论：论断，下结论。⑭ 僇：通"戮"，杀戮。⑮ 近习：指君主宠爱亲信

的人。⑯ 浮萌：无业游民。萌，通"氓"（méng），野民，百姓。⑰ 陈：通"阵"，陈兵布阵。⑱ 倍：通"背"，违背。⑲ 越民萌之诽：摆脱民众的批评。越，摆脱。诽，批评，指责过失。⑳ 独周乎道言也：一味倾向于以法术治国的主张。周，亲近。言，观点，主张。

今译

　　楚人卞和在荆山中得到一块玉璞，捧着进献给楚厉王。楚厉王让玉匠鉴定这块玉璞。玉匠说："是石头。"楚厉王认为卞和是行骗，就砍掉了他的左脚。等到楚厉王死后，楚武王继位。卞和又捧着那块玉璞，把它献给楚武王。楚武王让玉匠鉴定它，玉匠又说："是石头。"楚武王又认为卞和是行骗，就砍掉了他的右脚。楚武王死后，楚文王继位，卞和就抱着那块玉璞在荆山下哭，哭了三天三夜，眼泪哭干了，跟着流出的是血。文王听说这件事后，派人去询问他哭的原因，派去的人问道："天下受断足之刑的人多了，你为什么哭得这么悲伤呢？"卞和说："我不是为了脚被砍掉而悲伤，我悲伤的是宝玉却被评定为石头，忠贞正直的人却被称做骗子，这是我悲伤的原因。"楚文王就让玉匠加工那块玉璞，并在其中得到了宝玉，于是命名为"和氏之璧"。

　　珍珠宝玉是君主急切想得到的，卞和虽然献上玉璞却没得到欣赏、优待，也并不构成对君主的损害，但仍然是在双脚被砍断后宝玉才得以论定，鉴定宝玉竟然如此困难。如今君主对于法术，未必像急切想得到和氏璧那样，而法术又是禁止臣民奸私邪恶的行为的。既然这样，那么还没杀戮法术之士的原因，只不过是促成帝王之业的法术这块宝玉还没被进献罢了。君主运用法术，那么大臣就不能擅权独断，宠臣亲信就不敢卖弄权势；官府执行法令，游民就要从事农耕，游说之士就须在战阵中冒生命危险，那么法术就（被看成）是群臣百姓蒙祸的根由了。君主不能违背大臣的意见,摆脱黎民百姓的批评,一味倾向于以法术治国的主张,那么法术之士即使到死,法术思想也一定不会被认可啊。

释义

韩非虽然总是站在君主立场上考虑治国方略,但他也清醒地认识到,法术是柄双刃剑:一面可以成全君主富国强兵的宏伟志向,一面也可能伤及法术之士的安全。在这里他仿佛预言了自身悲剧的必然,同时也让我们不由感慨,古代思想家为了实现政治理想,虽九死而无悔,实在令后世敬仰。

徭役与权势

原文

徭役多则民苦,民苦则权势起,权势起则复除①重,复除重则贵人富。苦②民以富贵人,起势以藉③人臣,非天下长利也。故曰:徭役少则民安,民安则下无重权,下无重权则权势④灭,权势灭则德在上矣。今夫水之胜火亦明矣,然而釜鬵⑤间⑥之,水煎沸竭尽其上,而火得炽盛焚其下,水失其所以胜者矣。今夫治之禁奸又明于此,然守法之臣⑦为釜鬵之行,则法独明于胸中,而已失其所以禁奸者矣。上古之传言,《春秋》⑧所记,犯法为逆以成大奸者，未尝不从尊贵之臣也。然而法令之所以备，刑罚之所以诛，常于卑贱，是以其民绝望，无所告愬⑨。大臣比周⑩，蔽上为一，阴相善而阳相恶，以示无私，相为耳目，以候主隙⑪，人主掩蔽⑫，无道得闻，有主名而无实，臣专法而行之，周天子是也。偏借其权势，则上下易⑬位矣，此言人臣之不可借权势也。

——《韩非子·备内》

注解：① 复除：免除赋税徭役。② 苦：使……遭受苦难，坑害。③ 藉：通"借"，借给，帮助。④ 权势：权臣的势力。⑤ 釜鬵(qín)：釜，古代的一种锅。鬵，古同"甑"，指似鼎而有盖的大釜。⑥ 间：隔开。⑦ 守法之臣：执法大臣。⑧《春秋》：相传为孔子据鲁史而修订的一部编年体史书。⑨ 告愬(sù)：即"告诉"，控告，申诉。愬，同"诉"。⑩ 比周：结党营私。⑪ 隙：空隙，空子。⑫ 掩蔽：受蒙蔽。表被动。⑬ 易：更替，更换。

今译

徭役多，百姓就困苦；百姓困苦，臣下就趁机发展权势；臣下权势发展起来，免除徭役就增多；免除徭役多了，权贵就富有起来。君主让民众受苦而让权贵富有起来，把发展势力的机会借给了臣子，这不符合国家的长远利益。所以说，徭役少，百姓就安定；百姓安定，臣下就没有大权；臣下没有大权，权臣的势力就消灭了；权臣的势力消灭了，恩德就全归君主了。现在看来，水能灭火是很明白的道理了，然而用锅子把两者隔开，水在上面煮开沸腾直到烧干，而火却能够在下面烧得炽烈旺盛，水失去灭火的优势了。现在惩禁奸邪的措施又比这一现象显明易懂，但执法大臣起了锅子的阻隔作用，那么，法律只能君主心里明白，却已经失去了它得以惩禁奸邪的作用了。在上古的传说中，在《春秋》的记载里，触犯法律、叛逆作乱进而篡权夺位的人，未曾不是从尊贵的大臣起事的。可是，法令防备的对象，刑罚惩治的对象，通常是地位低贱的人，因此百姓感到绝望，无处控告申诉。大臣相互勾结，蒙骗君主，串通一气，暗地里互相要好，表面上却相互憎恶，以此表示没有私情。他们互相充当耳目，等待着钻君主的空子。君主受到蒙蔽，没有办法了解真情，有君主之名而无君主之实，大臣垄断法令而独断专行，周天子就是这样。君主权势旁落，上下就换了位置，这就是说，君主绝不可把权势借给臣下。

释义

从徭役的多少层层推理，韩非看到的是君主和臣子之间势力的较量和权势的消长。由此可见，韩非主张"徭役少则民安"，绝不是一种从百姓利益出发考虑问题因而主张轻刑薄赋的仁政思想，而是彻头彻尾的权谋之术。当然，韩非也看到了在君臣权力的博弈之间，民众"无所告愬"的绝望和悲苦，这也是不能忽略的。

七术与六微

原文

主之所用也七术①，所察②也六微③。七术：一曰众端参观④，二曰必罚明威，三曰信赏尽能⑤，四曰一听⑥责下,五曰疑诏诡使⑦,六曰挟⑧知而问,七曰倒言反事。此七者,主之所用也。

——《韩非子·内储说上》

六微:一曰权借在下,二曰利异外借,三曰托于似类⑨,四曰利害有反,五曰参疑⑩内争,六曰敌国废置⑪。此六者,主之所察也。

——《韩非子·内储说下》

注解:①七术:就是君主控制臣下的七种方法。术,方法,手段。②察:洞察,明察。③微:秘密的事,隐微不显的情况。④众端参观:参看多方面情况。端,头绪。参,参看,参照。⑤信赏尽能:毫不含糊地行赏来使臣民竭尽所能。信,诚实,真实。尽,使……用尽。⑥一听:全面听取情况。一,全面,都。⑦疑诏诡使:故意传出可疑的诏令,用诡诈的手段考验臣子的忠奸诚伪。⑧挟:怀持,怀着。⑨似类:类似之事。⑩参疑:混乱不分。参,通"掺",掺杂,混乱。疑,通"儗",越级,越位。⑪废置:指官吏的任免或帝王的废立。废,免除,废黜。置,任命,拥立。

今译

君主采用七种手段,须明察六种隐微不显的情况。这七种手段如下:一是从众多头绪中多方面参照观察;二是应当施罚绝不宽纵,以明示君主的威严;三是该行赏则毫不含糊,使臣民竭尽所能;四是全面听取意见并责成臣下(把事情一一办好);五是故意传出可疑的诏令,用诡诈手段使用臣下(以考验臣下的忠奸诚伪);六是拿已经知道的情况询问臣下(来考察他们);七是说些与本意相反的话,做些与实情相反的事(来试探臣下)。这七种手段,是君主控制臣下应采用的。

六种隐微不显的情况如下:一是权力转借到臣下手中;二是君臣利益不同,臣下借助外力谋私;三是臣子假托类似情况(欺骗君主);四是君主得利、臣下受害的情况反了过来(成了君主受害,臣下得利);五是君臣责权混乱,臣下越位,导致朝廷内部争斗;六是敌国控制了官吏任免、君主废立的局面。这六种情况,是君主须明察的。

释义

从上述文字可见,韩非的法家思想,不仅有清晰的逻辑和完整的理论,而且还有具体的手段和可操作的措施。不管是"七术"还是"六微",都是为了控制和驾驭臣下,其最终目的则是巩固君主地位,为君主专制服务。

御 之 有 术

原文

造父①方耨②,时有子父乘车过者,马惊而不行,其子下车牵马,父子推车,请造父助我推车。造父因收器,辍而寄载之,援③其子之乘④,乃始检⑤辔持策,未之用也,而马咸惊⑥矣。使造父而不能御,虽尽力劳身助之推车,马犹不肯行也。今身使佚⑦,且寄载,有德于人者,有术而御之也。故国者,君之车也;势者,君之马也。无术以御之,身虽劳,犹不免乱;有术以御之,身处佚乐之地,又致⑧帝王之功也。

——《韩非子·外储说右下》

注解:① 造父:古代的驾车能手,周穆王的亲信随臣,被封为御马官,专管天子车舆。② 耨(nòu):耕作。③ 援:拉,牵引。④ 乘(shèng):名词,马车。⑤ 检:整理。⑥ 骛:奔驰。有的版本该字为"惊"。⑦ 佚(yì):通"逸",安逸。⑧ 致:达到,取得。

今译

造父正在耕地,这时有一对乘着马车而过的父子,马受惊而不走了,儿子就下车牵马,父子推车,请求造父说:"帮助我推一推车子吧。"造父于是收拾起工具,把它们寄放在车上,拉过那儿子牵引的马车,才刚刚整理缰绳,拿起马鞭还没有使用,马就奔驰起来。假使造父不会驾车,即使竭尽全力把自己弄得疲惫不堪帮助他们推车,马还是不肯行走。如今身体得到安逸,并且把农具也寄放在车上,又有恩德于人,原因是有本事驾驭马车。所以所谓国家,就是君主的马车;权势,就是君主的马匹。没有手段来驾驭它,身体虽然劳累,还是免不了混乱;有手段驾驭它,身体处在安逸之地,又能取得帝王的功业。

释义

韩非强调御国有术,这个"术",就是经营权势的能力。君主掌握权势,就能驾驭臣下,从而轻松成就帝王霸业;否则,辛辛苦苦也不见什么成效,还可能弄得一片混乱。

第三单元
变法与行法

　　韩非继承了荀况"法后王"的思想，并有所发展，提出了"世异则事异"，"事异则备变"的观点，坚决反对复古守旧，强调时代变化了，应因时制宜，变法图强。

　　这一单元着重选录韩非反对复古、论述变法、强调法治的言论。

变

变古易常

治之大者，服之以法

王寿焚书

守株待兔

治大国若烹小鲜

去言而任法

良药苦口

婴儿相戏

一鸣惊人

温人之周

刑赏不容其二

变古易常

原文

不知治者，必曰："无①变古，毋易常。"变与不变，圣人不听，正治而已。然则古之无变，常之毋易，在常古之可与不可。伊尹②毋变殷，太公③毋变周，则汤④、武⑤不王矣。管仲⑥毋易齐，郭偃⑦毋更晋，则桓⑧、文⑨不霸矣。凡人难变古者，惮⑩易民之安⑪也。夫不变古者，袭⑫乱之迹；适民心者，恣⑬奸之行也。民愚而不知乱，上懦而不能更，是治之失也。人主者，明能知治，严必行之，故虽拂⑭于民，必立其治。

——《韩非子·南面》

注解：①无：通"毋"，不要。②伊尹：商汤的相，曾帮助商汤灭夏。③太公：即吕尚，字子牙，俗称姜太公。辅佐周武王灭商，封于齐。④汤：名履，又称成汤，商王朝的建立者。⑤武：即周武王，周文王之子，周国的开国君主。⑥管仲：一称管敬仲，名夷吾，字仲，春秋时齐国著名的政治家、思想家，辅佐齐桓公成为春秋时期第一个霸主。⑦郭偃：又称为高偃、卜偃，春秋时期晋国掌管占卜的大夫。⑧桓：即齐桓公，春秋时齐国国君，"春秋五霸"之一。⑨文：即晋文公，春秋时晋国国君，"春秋五霸"之一。⑩惮：怕，畏惧。⑪安：指安于现状的习惯，名词。⑫袭：因循，沿袭。⑬恣：放纵。⑭拂：

违背。

今译

不懂治理国家的人，一定会说："不要变改古法，不要更改常规。"变与不变，圣人不管，只要能正确地治理国家就行了。既然如此，那么古法变不变，常规改不改，在于它们可行还是不可行。如果伊尹不革新殷朝的法令制度，姜太公不改变周朝的法令制度，商汤、周武王就不能称王了。管仲不更改齐国的法令制度，郭偃不改革晋国的法令制度，齐桓公、晋文公就不能称霸了。凡是难以改变古法的人，是害怕改变民众安于现状的习惯。不改变古法，是因循混乱的老路；迎合民心，是放纵奸邪的行为。百姓愚蠢而不懂得何为乱，君主懦弱而不能变革，这是治理国家的过失。做君主的，要英明，能够知道如何治国，要严厉，一定要推行变法革新。所以即使违背民心，也一定要确立他的治国之法。

释义

韩非力主"变法"，主张君主治国要看清形势，及时变革，不能因循守旧，迎合世俗。他以伊尹、姜太公、管仲、郭偃等人的事例，无可辩驳地证明了只有变法图新，才能在群雄纷争中占得先机，脱颖而出。

治之大者，服之以法

原文

凡治之大者，非谓其赏罚之当也。赏无功之人，罚不辜①之民，非所谓明也。赏有功，罚有罪，而不失②其人，方③在于人者也，非能生功止过④者也。是故禁奸之法，太上⑤禁其心，其次禁其言，其次禁其事。今世皆曰"尊主安国⑥者，必以⑦仁义智能"，而不知卑主危国者之必以仁义智能也。故有道之主，远仁义，去智能，服⑧之以法。是以誉广而名威，民治而国安，知用民⑨之法也。凡术也者，主之所以执⑩也；法也者，官之所以师⑪也。然使郎中⑫日闻道⑬于郎门⑭之外，以至于境内日见法，又非其难者也。

——《韩非子·说疑》

注解：① 不辜：无罪。辜，罪过，罪行。② 失：错失，错过。③ 方：只，仅。④ 生功止过：鼓励立功，防止过失。生，使……产生、催生。止，使……停止、遏止。⑤ 太上：最上，最高，最重要。⑥ 尊主安国：使君主被尊重，使国家安定。"尊""安"和下句中的"卑""危"都用作使动。⑦ 以：依靠，凭借。下句中的"以"可解释为"因为"。⑧ 服：使……服从，制服。⑨ 用民：役使民众。用，役使。⑩ 执：掌握。⑪ 师：遵循。⑫ 郎中：官名，君主的侍从。⑬ 闻道：传达法令。⑭ 郎门：

宫中之门。郎，通"廊"。

重要的治国大计，并不是说它的赏罚得当。奖赏无功的人，惩罚无罪的人，不能称做明察。奖赏有功的人，惩罚有罪的人，并且不错赏错罚那些人，作用仅仅局限在受到赏罚的人身上，并不能鼓励立功，禁止犯罪。因此禁止奸邪的办法，最高明的是禁止奸邪的思想，其次是禁止奸邪的言论，再次是禁止奸邪的行为。现在世人都说"要使君主受到尊重、国家安定，一定要依靠仁义智能"，却不知道导致君主卑下、国家危亡的根源正是因为仁义智能。所以有治国策略的君主，拒绝仁义，摒弃智能，用法令来制服天下。因此声誉远播而英名威赫，百姓太平而国家安定，他懂得役使民众的方法。总而言之，权术是君主应该掌握的，法令是官吏应该遵循的。既然这样，那么派遣侍从官员每天把法令传达到宫门之外，直到境内的民众每天都能看到法令，也不是一件困难的事了。

韩非不仅批判了儒家以"仁义智能"尊主安国的礼治思想，而且对赏罚得当的做法也提出了质疑。在他看来，君主不仅要以法治国，而且还要达到以法"禁其心"的境界。只有使"境内日见法"，才能使天下畏服，国治民安。

王寿焚书

原文

王寿负^①书而行，见徐冯^②于周涂^③。冯曰："事者，为^④也；为生于时，知者^⑤无常事。书者，言也；言生于知，知者不藏书。今子何独^⑥负之而行？"于是王寿因焚其书而舞之。故知者不以言谈教^⑦，而慧者不以藏书箧^⑧。此世之所过^⑨也，而王寿复之，是学不学^⑩也。故曰："学不学，复归众人之所过也^⑪。"

——《韩非子·喻老》

注解：① 负：背。② 徐冯：传说是周时的隐士。③ 涂：通"途"，道路。④ 为：行为。⑤ 知者：有智慧的人。知，通"智"，智慧。⑥ 独：表反问，可译为"偏偏"。⑦ 教：教化的主张和信条。⑧ 书箧：书箱。箧（qiè），用以藏物的小箱子。⑨ 过：本意"过错"，这里是意动用法，"以……为过错"，可以理解为"指责"。⑩ 学不学：把不死读书本当作有学问。不学，本来指没有学问，这里指不死读书本。⑪ 学不学，复归众人之所过也：语出《老子·第六十四章》。

今译

王寿背着书走路，在四通八达的大路上碰到了徐冯。徐冯说："事情，就是人的行为；人的行为产生于当时的需要，有智慧的人没有固定不变的做事方法。书本,是记载言论的;言论产生于认识,有智慧的人是不藏书的。现在你为什么偏偏要背着这些东西走路呢?"于是王寿就烧了他的书并高兴得手舞足蹈。所以有智慧的人不用空言说教,聪明的人不用藏书箱子。不说教、不藏书是世人都指责的做法,而王寿重复这样的做法,这是学会不死读书本了。所以《老子》说:"学会不死读书本,重新回到被世人指责的道路上去。"

释义

韩非这一段话表面上是在解释一句老子的言论,实际上是在宣扬理论联系实际,知识来源于实践的主张。变法的理论基础正是源出于这种主张。"学不学"不是说就此不学习了,而是要投身实践,摸索出符合实际的智慧。

守株待兔

原文

上古之世,人民少而禽兽众,人民不胜①禽兽虫蛇。有圣人作②,构木③为巢以避群害,而民悦之,使王④天下,号之曰有巢氏⑤。民食果蓏蚌蛤⑥,腥臊恶臭而伤害腹胃,民多疾病。有圣人作,钻燧取火以化腥臊,而民说⑦之,使王天下,号之曰燧人氏。中古之世,天下大水,而鲧⑧、禹⑨决渎⑩。近古之世,桀、纣暴乱,而汤、武征伐。今⑪有构木钻燧于夏后氏之世者,必为鲧、禹笑矣;有决渎于殷、周之世者,必为汤、武笑矣。然则今有美尧、舜、汤、武、禹之道于当今之世者,必为新圣笑矣。是以圣人不期修古,不法常可⑫,论⑬世之事,因为之备⑭。宋人有耕田者,田中有株⑮,兔走触株,折颈而死,因释其耒⑯而守株,冀⑰复得兔,兔不可复得,而身为宋国笑。今欲以先王之政,治当世之民,皆守株之类也。

——《韩非子·五蠹》

注解:① 不胜:经受不起。胜(shēng),经受得起,承受得住。② 作:兴起,出现。③ 构木:架木造屋。④ 王:作……的王,统治。名词用作动词。⑤ 有巢氏:和下文的燧人氏都是我国古代传说中原始社会的氏族首领,传说有巢氏教会了人民筑巢而居,燧人氏发明钻木取火,教人熟食。⑥ 果蓏蚌蛤:果,草木的果实。蓏(luǒ),果类。蚌,河蚌等软体动物。蛤(gé),即蛤蜊。⑦ 说:通"悦",悦纳,接受。⑧ 鲧(gǔn):传说为尧舜时代的部落首领,由四岳推举,奉尧命治水,九年未成,被杀于羽山。⑨ 禹:姒姓,名文命,号禹,后世尊称为大禹,鲧的儿子,是远古夏后氏部落领袖,传说是夏代的第一个君主。他最卓著的功绩是治理滔天洪水,并划定中国为九州。⑩ 决渎:疏通河道。渎,水道。⑪ 今:如果。⑫ 不期修古,不法常可:不希望遵循古法,不墨守成规。期,希望。修,学习,遵循。法,效法。常可,指常规,陈规。⑬ 论:根据,按照。⑭ 备:措施。⑮ 株:树桩。⑯ 耒(lěi):古代木制的翻土的农具。⑰ 冀:希望。

上古时代，人口稀少，鸟兽众多，人们受不了禽兽虫蛇的侵害。有一位圣人出现了，他发明了架木造屋的办法来避免各种侵害，人们因而很爱戴他，让他治理天下，称他为有巢氏。那时人们生吃各种瓜果和蚌蛤，腥臊腐臭而且伤害肠胃，人们常常会生大大小小各种病。有一位圣人出现了，他发明了钻木取火的方法烧烤食物，来化除腥臊臭味，人们因而很爱戴他，让他治理天下，称他为燧人氏。中古时代，天下洪水泛滥，于是鲧和禹疏通河道，治理洪水（因而禹成为天下王）。近古时代，夏桀和商纣王残暴昏乱，于是商汤和周武王起兵讨伐他们（因而成为天下王）。如果在夏代还有人在树上搭窝棚居住，钻燧取火，那一定会被鲧、禹嗤笑了；如果在殷商和周代，还有人把挖河排洪作为要务，那一定会被商汤、周武王嗤笑了。既然如此，那么如今要是还有人推崇尧、舜、禹、商汤、周武王的治国之道，一定会被新出现的圣人嗤笑了。因此，圣人不期望遵循古法，不墨守成规旧俗，而是根据社会的实际情况，由此制定相应的政治措施。有个耕田的宋国人，他田中有根树桩，一只兔子奔跑时撞在树桩上，碰断脖子死了，这个宋国人便放下他手中的农具，守在树桩旁边，希望再次捡到兔子。兔子当然不可能再得到了，而他自己却被宋国人嗤笑。如果今天有人想用先王的政治措施治理当代的民众，那就是守株待兔之类的人了。

韩非列举事实，妙用比喻，从历史的回顾和当时的现状出发，论证了古代的经验不能在当今使用，治理国家的方式方法必须随时代的变化而变化的道理。他认为，如果泥古不变，那就无异于守株待兔了。

治大国若烹小鲜

原文

烹小鲜①而数挠②之，则贼③其泽；治大国而数变法，则民苦之。是以有道之君贵静，不重变法。故曰："治大国者若烹小鲜④。"

——《韩非子·解老》

注解：① 小鲜：小鱼。② 挠：搅动。③ 贼：伤害，损害。④ 治大国者若烹小鲜：语出《老子》第六十章。

今译

烹煮小鱼如果屡屡翻动的话，就会损害它的光泽；治理大国如果屡屡变换法令制度，百姓就会困苦不堪。因此懂得治国之道的君主看重安定，而不看重变更法令制度。所以《老子》说："治理大国就像烹煮小鱼一样。"

释义

主张变法的韩非在此却强调有道之君"不重变法"，看上去好像有矛盾，其实不然。在韩非看来，所谓的变法，是不泥古，不守旧,不法先王,"论世之事,因为之备"。变法不等于朝令夕改,不等于出尔反尔,不等于失信于民;相反,法令一经公布,就要有相对的稳定性。

去言而任法

原文

夫治法之至明者,任数①不任人。是以有术之国,不用誉则毋适②,境内必治,任数也。亡国使兵公行乎其地,而弗能围禁③者,任人而无数也。自攻者人也,攻人者数也。故有术之国,去④言而任法。

——《韩非子·制分》

注解：① 任数:依靠法律条文。任,依靠。数,策略,方法,这里指法令制度。② 毋适:无往不前,无敌。毋,通"无"。适,通"敌"。③ 围禁:防御制止。围(yǔ),防御,抵御。④ 去:摒弃,剔除。

今译

整治法度极其严明的君主,依靠法律制度而不依靠人治。因此有治国之术的国家,无须名扬四海就能无敌于天下,境内也一定能得到很好的治理,这是依靠法度的缘故。丧失主权的国家,让敌军公然在他国土上活动,却不能抵御制止的原因,就在于依靠人治而没有法度。使自己受到攻击的原因在于倚重于人,战胜他人的办法是运用法术。所以治国有术的国家,总是摒弃空谈而运用法术。

释义

这里讨论的是人治还是法治的问题,韩非的表态很明确:以法治国。通过对比,他旗帜鲜明地告诉君王,变法势在必行,法治可以强国。

良药苦口

原文

夫良药苦于口,而智者劝①而饮之,知其入而已②己疾也。忠言拂③于耳,而明主听之,知其可以致④功也。

——《韩非子·外储说左上》

注解:①劝:劝勉。②已:遏止,这里用为“治愈(疾病)”。③拂:违逆。④致:达成,成就。

今译

好药吃在嘴里很苦,但明智的人却勉励自己喝下去,(因为他)知道药喝进去可以治好自己的疾病。忠诚的语言听起来不顺耳,但贤明的君主却听从它,(因为)知道它可以用来取得功绩。

释义

韩非在这里指出,以法治国、变法图强,就像一帖良药,虽苦却疗效好。法家唯一的指望就是君主能相信法治的功效,坚持变法。韩非希望君主坚信:克服种种阻力之后,便能成就富国强兵的功业!

婴 儿 相 戏

原文

夫婴儿相与戏①也,以尘为饭,以涂②为羹,以木为胾③,然至日晚必归饷④者,尘饭涂羹⑤可以戏而不可食也。夫称上古之传颂,辩而不悫⑥,道先王仁义而不能正国⑦者,此亦可以戏而不可以为治也。夫慕仁义而弱乱⑧者,三晋⑨也;不慕而治强者,秦也,然而未帝者,治未毕⑩也。

——《韩非子·外储说左上》

注解:①戏:游戏。②涂:烂泥。③胾(zì):大块的肉。④ 归馌：回家吃饭。馌，通"饁"，吃饭。⑤ 尘饭涂羹：用土做的饭，用泥浆做的肉汤。⑥ 悫（què）：诚实。⑦ 正国：治理国家。正，整治，治理。⑧ 弱乱：使（国家）衰落混乱。⑨ 三晋：赵氏、韩氏、魏氏原为晋国大夫，战国初分裂晋国而各自立国，故战国时赵、韩、魏三国合称为"三晋"。⑩ 毕：完成，完善。

今译

小孩子一起玩耍，把尘土当作饭，把泥浆当作汤，把木头当作肉块，然而到了天黑必定要回家吃饭，因为土饭泥羹可以用来玩耍却不可以吃。称道上古传颂的故事，虽然动听却不实在，遵循先王的仁义思想却不能治理好国家的原因，也是因为仁义可以说着玩却不能用它作为治国的方法。向往仁义而使国家衰落混乱的，是韩、赵、魏三国；不钦慕仁义而国家安定富强的，是秦国，然而秦国还没有称帝，原因是治理还没有完善。

释义

韩非设喻对比，多方论证，目的就是要求君主远离"仁义治国"的传统思路，树立"以法治国"的决心。

一鸣惊人

原文

楚庄王①莅政②三年，无令发，无政为也。右司马御座③而与王隐④曰："有鸟止南方之阜⑤，三年不翅⑥，不飞不鸣，嘿然⑦无声，此为何名？"王曰："三年不翅，将以长羽翼；不飞不鸣，将以观民则⑧。虽无飞，飞必冲天；虽无鸣，鸣必惊人。子释之，不穀⑨知之矣。"处半年，乃自听政。所废者十，所起者九，诛大臣五，举处士六，而邦大治。举兵诛齐⑩，败之徐州，胜晋于河雍，合诸侯于宋，遂霸天下。庄王不为小害善，故有大名；不蚤⑪见示⑫，故有大功。故曰："大器晚成，大音希声⑬。"

——《韩非子·喻老》

注解：①楚庄王：春秋时楚国的君主，"春秋五霸"之一。②莅政：临政，即执政，掌管政事。莅，临，到。③御座：侍坐，在尊长近旁陪坐。④隐：暗语，这里用作状语，即"用暗语"。⑤阜：土山，土丘。⑥翅：名词用作动词，即"张开翅膀"。⑦嘿然：沉默无言的样子。嘿，同"默"。⑧民则：治民的方法。则，方法，准则。⑨不穀：不善，古代君主自谦的称呼。⑩举兵诛齐：发动军队讨伐齐国。举，发动。诛，讨伐。⑪蚤：通"早"。⑫见示：显现，显示。⑬大器晚成，大音希声：出自《老子·第四十一章》。希，通"稀"，少。

楚庄王执政三年，没有发布过命令，没有处理过政事。右司马侍座，用隐语对庄王说："有一只鸟栖息在南边的土丘上，三年不展翅，不飞翔，不鸣叫，默然无声，这鸟该怎么称呼？"庄王说："三年不展翅，是要长羽翼的；不飞翔也不鸣叫，是要观察治民的方法。它虽然没有飞翔，一飞必定冲天；虽然没有鸣叫，一鸣必定惊人。您别管了，我已经知道了。"过了半年，楚庄王就亲自处理政事了。废掉的事情有十件，兴办的事情有九件，诛杀了五个大臣，选用了六个处士，因而国家治理得非常好。他发动军队讨伐齐国，在徐州打败了齐国，在河雍战胜了晋军，在宋国与诸侯会盟，于是称霸天下。庄王不为小事妨碍自己的长处，所以拥有很大的名望；不过早地表露出自己的才能，因而拥有了伟大的功业。所以《老子》说："贵重的器物往往最后完成，宏大的乐章听来反而无声无息。"

释义

楚庄王执政，准备充分，目的明确，步骤合理，行动缜密。韩非用楚庄王的故事，意在强调革新变法不能主观盲动，而要经过认真准备，充分酝酿，有备方能有成，有为方能有功。

温人之周

原文

温^①人之^②周^③，周不纳客。问之曰："客耶？"对曰："主人。"问其巷人^④而不知也，吏因囚之。君使人问之曰："子非周人也，而自谓非客，何也？"对曰："臣少也诵《诗》^⑤曰：'普天之下，莫非王土；率土之滨^⑥，莫非王臣。'今君，天子，则我天子之臣也。岂有为人之臣而又为之客哉？故曰主人也。"君使出^⑦之。

——《韩非子·说林上》

注解：①温：地名，在今河南省境内。②之：往，到……去。③周：地名，这里是指东周时期周国的都城雒邑，在今河南洛阳附近。④巷人：同巷居住的人，邻居。⑤《诗》：这里指《诗·小雅·北山》。原文是："溥天之下，莫非王土。率土之滨，莫非王臣。"⑥率土之滨：沿着王土直到水边。率，沿着，顺着。滨，湖、河、海的水边陆地。⑦出：释放。

今译

有个温邑人到东周都城雒邑去，雒邑不准外客入境。周人问他说："你是外地来的客人吗？"他回答说："我是主人。"问他同巷居住的人他却不知道，守城官吏便囚禁了他。周君派人问他道："先生不是周人，却自称不是客，这是为什么呢？"他回答说：

"我年轻时诵读《诗经》,《诗经》说:'整个天下,没有一处不是君王的土地;沿着陆地直到水边,没有谁不是君王的臣民。'现在周君是天子,那么我就是天子的臣民。哪里有做了天子的臣民又成为他的客人的呢? 所以说我是主人。"周君便派人放了他。

释义

周以"礼"治国,最终的结果却是礼崩乐坏,实力削弱。上文中温人的对答,就是对失去往日权势的东周君主的极大讽刺。韩非以此从反面证明以法治国的合理性与必要性。君主只有掌控权势,制定法度,以法治国,才有可能提升国力,称霸天下。

刑赏不容其二

原文

凡畸功①之循约者难知,过刑②之于言者难见也,是以刑赏惑乎贰③。所谓循约难知者,奸功也;臣过之难见者,失根也。循理不见虚功,度情诡④乎奸根,则二者安得无两失也? 是以虚士立名于内,而谈者为略于外,故愚、怯、勇、慧相连而以虚道属⑤俗而容乎世。故其法不用,而刑罚不加乎僇人⑥。如此,则刑赏安得不容其二⑦? 实故⑧有所至,而理失其量,量之失,非法使然也,法定而任慧⑨也。释⑩法而任慧者,则受事者安得其务⑪?务不与事相得⑫,则法安得无失,而刑安得无烦?是以赏罚扰乱,邦道差误,刑赏之不分白⑬也。

——《韩非子·制分》

注解:①畸功:以不正当手段取得的功绩,即虚功。②刑:通"形",描绘,修饰。③贰:表里不一。④诡:隐蔽,隐藏。⑤属:连接,与……结合。⑥僇人:指应当受到刑戮的人,泛指罪人。僇(lù),通"戮"。⑦二:歧异,标准不一。⑧故:通"固",本来。⑨慧:私智,巧诈,小聪明。⑩释:放弃。⑪务:职责,任务。⑫相得:相符,互相吻合。⑬白:明白,明确。

今译

大凡(看似)遵守条例却并不正当的虚功难以识破,经言语巧饰的错误难以发现,因此刑罚赏赐会被表里不一的情况所惑乱。所谓依据条例而难以识别,是因为那是奸诈之功;臣下的过失难以发现,那是因为失去了根据。依据事理不能发现虚功,揣度常情却又看不出奸诈之根,那么刑罚赏赐怎能不双双失准呢?因此,徒有虚名的功臣在国内捞得声誉,夸夸其谈的说客在国外巧取私利,结果愚妄、怯懦和胆大、耍聪明连在一起,以虚伪之道与世俗相结合而被世人所容纳。所以那些国法得不到执行,而刑罚却不能施加到罪犯的身上。这样的话,刑罚和奖赏怎么会不发生歧异?事实本来到了某种程度,但事理上却失去了对它的正确考量。考量失误,不是法度使它这样,而是尽管确定了法定制度,却去依靠小聪明。放弃法制而依靠小聪明用人,那么接受任务的官员怎能承担职责?职责与事实不相符合,那么法令哪能不出差错,而刑罚又哪能不杂乱? 因此,赏罚混乱,治国方略错误百出,是由于刑罚赏赐区分不明。

释义

　　韩非在这里明确指出,以法治国,赏功罚罪,必须以事实为依据,以法令制度为准绳,而不能循理度情,凭想当然,靠小聪明来施行赏罚。如果在执法时标准不一,制定了法令却不依法执行,明确了职责却又不依据事实加以追责,就会助长弄虚作假、文过饰非的坏风气,最终导致赏罚混乱,治道不明。

第四单元
赏功与罚罪

　　刑赏就是惩罚和奖励,奖罚制度的建立是法治的基石。韩非论法治,不仅要把奖罚制度确立于朝堂,而且要求公之于众,深入人心。关于赏罚制度,韩非又抓住三个基本点:一是要取信于民,有法必依;二是要加大力度,执法必严;三是应君主集权,君主才是最高裁判。

赏罚不可无度

赏必厚而罚必重

明主务在周密

足民不可以为治

功罪赏罚必知之

有功者必赏

赏罚乃国之利器

务分刑赏为急

仲尼行罚救火

赏罚不可无度

原文

臣故曰：明于治之数^①，则国虽^②小，富；赏罚敬信，民虽寡，强。赏罚无度^③，国虽大，兵弱者，地非其地，民非其民也。无地无民，尧、舜不能以王，三代^④不能以强。人主又以过予^⑤，人臣又以徒^⑥取。舍法律而言先王明君之功者，上任之以国。臣故曰：是愿古之功，以古之赏赏今之人也。主以是过予，而臣以此徒取矣。主过予，则臣偷幸^⑦；臣徒取，则功不尊。无功者受赏，则财匮而民望^⑧；财匮而民望，则民不尽力矣。故用赏过者失民，用刑过者民不畏。有赏不足以劝^⑨，有刑不足以禁，则国虽大，必危。

——《韩非子·饰邪》

注解：① 数：方法，策略。② 虽：即使。③ 度：标准，尺度。④ 三代：指夏、商、周。⑤ 过予：过分奖赏，错误地奖赏。予，给予，赏赐。⑥ 徒：白白地。⑦ 偷幸：苟且侥幸。偷，苟且。⑧ 望：埋怨，责备。⑨ 劝：鼓励，勉励，这里用作使动。

今译

所以我说：明白了治国的策略，那么国家即使很小，也会很富裕；赏罚谨慎诚信，民众即使很少，也会很强大。赏罚没有尺度,国家即使很大,兵力也会很弱的原因,是土地已经不是君主自己的领土,民众也不是君主自己的民众了。没有土地,没有民众,尧、舜也不能称王,即使夏、商、周三代也不能强盛起来。君主又拿土地和民众错误地赏赐给臣下,臣子又把土地和民众白白地占为己有。舍弃法律而称颂先王明君功绩的人,君主却把整个国家委任给他。所以我说:这是希望取得古代那种功绩,就按古代的赏赐先例来赏赐现在的人。君主因此就错误地赏赐臣下,而臣子白白地捞取好处了。君主错误地给予奖赏,那么臣下就怀有侥幸得赏的心理;臣下能白白地取得赏赐,那么功名就不被尊重。没有功劳的人受到奖赏,那么国家财产就会匮乏,民众就会心怀不满;国家财产匮乏而民众心怀不满,那么民众就不会尽心尽力了。所以使用奖赏过分的君主会失去民众,使用刑罚过分的君主,民众不会害怕他。有奖赏不足以使民众受到勉励,有刑罚不足以禁止为非作歹,那么国家即使很大,也必然很危险。

释义

韩非十分强调法治,主张施行赏罚,同时又指出赏罚制度要公正,要有尺度。这两者并不矛盾,它们是相辅相成的。不重法治与滥施赏罚,虽是两个不同的极端,但结果是相同的,那就是导致善不能举,恶不能除,而功不能立,这就是韩非法治思想的辩证法。

赏必厚而罚必重

原文

　　今家人之治产①也,相忍以饥寒,相强②以劳苦,虽犯③军旅之难,饥馑④之患,温衣美食者,必是家也;相怜⑤以衣食,相惠以佚乐⑥,天饥岁荒,嫁妻卖子者,必是家也。故法之为道⑦,前苦而长利;仁之为道,偷⑧乐而后穷。圣人权⑨其轻重,出其大利⑩,故用法之相忍,而弃仁人之相怜也。学者⑪之言,皆曰轻刑,此乱亡之术也。凡赏罚之必者,劝禁⑫也。赏厚,则所欲之得也疾;罚重,则所恶⑬之禁也急。夫欲利者必恶害,害者,利之反也,反于所欲,焉得无恶? 欲治者必恶乱,乱者,治之反也。是故欲治甚者,其赏必厚矣;其恶乱甚者,其罚必重矣。今取于轻刑者,其恶乱不甚也,其欲治又不甚也,此非特⑭无术也,又乃无行⑮。是故决贤、不肖、愚、知之美⑯,在赏罚之轻重。

——《韩非子·六反》

　　注解: ① 治产:治理家业。② 相强:互相勉励。强,勉励,劝勉。③ 犯:遭受,遭遇。④ 饥馑:灾荒之年。五谷收成不好叫"饥",蔬菜和野菜吃不上叫"馑"。⑤ 怜:爱。⑥ 相惠以佚乐:以安逸享乐来互相关心。惠,给予好处。佚(yì),安

逸。⑦道：这里指"治国原则"。⑧偷：苟且。⑨权：权衡，比较。⑩出其大利：出于长远利益的考虑。出，出于。⑪学者：这里指儒家之徒。⑫劝禁：鼓励立功，禁止犯罪。劝，鼓励。⑬恶（wù）：憎恶，厌恶。原作"惠"，据《韩非子集释》改。⑭非特：不仅，不只是。⑮无行：无道，即不符合道理。⑯决贤不肖愚知之美：判断有没有德才、愚钝与聪明的差别。决，判断。知，通"智"。美，当作"差"。

今译

假设一户人家治理产业，用忍受饥寒来克制自己，用吃苦耐劳来相互勉励，即使遭到战争的灾难，荒年的祸患，却依然能吃饱穿暖的，一定是这种人家；用吃好穿好来相互怜爱，用安逸享乐来相互照顾，遇到灾荒年月，卖妻卖儿的，一定是这种人家。所以把法治作为治国原则，虽开始时艰苦，但日后却有长远好处；把仁爱作为治国原则，虽暂时能苟安享乐，但日后却会陷入困境。圣人权衡两者轻重，出于长远利益的考虑，所以用法治相互强制，而抛弃仁人的相互怜爱。（儒家）学者的论调，都说要减轻刑罚，这是乱国亡身的方法。大凡赏罚坚决，是为了鼓励立功，禁止犯罪。赏赐优厚，想要的东西就会迅速得到；刑罚严酷，令人厌恶的东西就能很快禁止。想要好处的人必然厌恶害处，害处是好处的反面，同想要的东西相反，怎能不厌恶呢？想要国家安定的人必然厌恶动乱，动乱是安定的反面。因此迫切希望治理好国家的人，他的赏赐一定优厚；极其厌恶国家混乱的人，他的刑罚一定很重。现在选择减轻刑罚的人，他们厌恶动乱还不够厉害，想要国家安定的愿望又不够强烈，这不只是没有治国的方法，也不符合治国的道理。因此判断一个人贤与不贤、愚笨与明智的差别，就看他赏罚的轻重程度。

释义

　　韩非从治家之道谈及治国之道,用类比引申的方法意在证明这样一个道理:厚赏重罚、严刑峻法是强国之道,而轻刑薄赋、施行仁义则是乱亡之术。因为赏罚关乎治乱,所以从赏罚的轻重,可以看出一个君主对国家治乱的期许,同样,判断一个大臣是不是称职,也只有一个标准,就看他是否能够严于刑律,厚赏重罚。

明主务在周密

原文

　　明主,其务①在周密。是以喜见则德偿②,怒见则威分③。故明主之言隔塞而不通,周密而不见④。故以一得十者,下道也;以十得一者,上道也。明主兼⑤行上下,故奸无所失。伍、官、连、县⑥而邻,谒⑦过赏,失过诛⑧。上之于下,下之于上,亦然。是故上下贵贱相畏以法,相诲以和。民之性,有生之实,有生之名。为君者有贤知之名,有赏罚之实。名实俱至,故福善⑨必闻矣。

　　　　　　　　　　——《韩非子·八经》

注解：① 务：要务，要义。② 德偿：用恩赏酬答。德，恩惠，庆赏。③ 分：分布，布散。④ 见：通"现"，显露。⑤ 兼：同时。⑥ 伍、官、连、县：古代五家为"伍"，二十五家为"闾"，四闾为"连"，十连为"乡"，乡的上一级为"县"。官，应作"闾"。⑦ 谒：告发。⑧ 诛：惩罚。⑨ 福善：福德善行。

今译

贤明的君主，他的要务在于周密处事。因此喜悦之情表现出来就要用恩赏来酬答，震怒之情表现出来就要把威严布散到相应的人。所以贤明的君主的言论总是对人隔绝而不外泄，周详严密而不暴露的。所以，以一人的力量得到十个人的情况，是对下级采用的方法；以十人的力量得到一个人的情况，是对上级采用的方法。英明的君主同时使用对上对下的办法，所以奸邪的行为就没有遗漏了。伍、闾、连、县各级组织相邻而建，告发过错行为就奖赏，漏失过错行为就惩罚。上级对于下级，下级对于上级，也是这样。因此人们无论上级下级还是高贵低贱，都会用法令互相威慑，用和睦相处来互相教诲。民众的本性，有对生活的实际需要，有对生活的名誉需求。作为君主，有贤能智慧的名声，有赏罚严明的实绩。名声和实绩都有了，所以福德善行一定会闻名天下。

释义

韩非意在建立一种威权政治的理想模式，他的法治思想，就是为这一威权政治模式服务的。他主张君主言行周密，喜则必赏，怒则必罚，言出必行，行则必果，就是为了维护君主的威权，让社会各等级各阶层的人们都拜服在君主的威权之下，从而满足君主的统治需要。

足民不可以为治

原文

　　夫富家之爱子，财货足用。财货足用则轻用，轻用则侈泰^①；亲爱之则不忍，不忍则骄恣；侈泰则家贫，骄恣则行暴，此虽财用足而爱厚，轻刑之患也。凡人之生^②也，财用足则隳^③于用力，上治懦则肆^④于为非。财用足而力作者神农^⑤也，上治懦而行修者曾、史^⑥也。夫民之不及神农、曾、史亦已明矣。老聃有言曰："知足不辱，知止不殆^⑦。"夫以殆辱之故而不求于足之外者，老聃也。今以为足民而可以治，是以民为皆如老聃也。故桀贵在天子而不足于尊，富有四海之内而不足于宝。君人者虽足民，不能足使为天子，而桀未必以为天子为足也，则虽足民，何可以为治也？故明主之治国也，适^⑧其时事以致^⑨财物，论^⑩其税赋以均贫富，厚其爵禄以尽贤能，重其刑罚以禁奸邪，使民以力得富，以事致贵，以过受罪，以功致赏，而不念慈惠之赐，此帝王之政也。

——《韩非子·六反》

　　注解：①泰：骄纵，傲慢。②生：通"性"，本性。③隳：通"惰"，懒惰。④肆：放纵，任意行事。⑤神农：传说中远古帝王名。他教百姓使用耒耜从事农业生产，故称"神农氏"，被

尊为农业的发明者;又传说他遍尝百草,发现药材,教人治病,故被尊为"医药之祖"。⑥ 曾、史:即曾参和史鱼。曾参,字子舆,孔子的学生,后世儒家尊他为"宗圣"。史鱼,春秋时卫国大夫,孔子曾称赞他品德正直。⑦ 知足不辱,知止不殆:语出《老子》第四十四章,意思是知道满足就不会受到屈辱,知道适可而止就不会遇到危险。殆,危险。⑧ 适:指适应。⑨ 致:得到。⑩ 论:评定。

今译

　　富人家疼爱子女,让他财物够花够用。财物够花够用,他就会轻易花用,轻易花用就会挥霍无度;因为亲他爱他,因而就舍不得管教他,舍不得管教他,他就会骄横放纵。挥霍无度,家境就会贫困;骄横放纵,行为就会暴虐。这就是财用富足并加以厚爱,使用轻刑而造成的祸患。大凡人的本性,财用富足了,就会懒得用力气;君主统治软弱,人们就会无所顾忌地干坏事。财用富足却还努力劳作的人,只有古代的神农氏;君主统治软弱却仍能保持品行美好的人,只有曾参和史鱼。民众比不上神农氏、曾参和史鱼是明明白白的了。老子有话说:"知道满足就不会受到差辱,知道适可而止就不会有危险。"因为危险和屈辱的缘故,在满足之后不再要求什么的人,只有老子。如果认为使民众富足就可以治理好国家,这是把民众都看作像老子那样的人了。所以夏桀贵为天子而不满足于自己的尊贵,富有四海而不满足于自己的财宝。君主纵然使民众富足,但不能使他们富足得像天子一样,而像夏桀那样的人也未必认为做天子就满足了,那么纵然使民众富足,又怎么可以凭这一点做到国家大治呢?所以,英明的君主治理国家,顺应时务来获得财物,评定赋税来调节贫富,厚赏爵禄使贤能之士竭尽全力,加重刑罚来禁止奸邪行为,使民众凭借力气得到富裕生活,依靠功业获得尊贵地位,因犯罪受到惩罚,因立功获得奖赏,而不必考虑仁慈恩惠的赏赐,这是成就帝王大业的政治措施。

释义

　　在韩非之前,儒家宣扬"仁义",墨家宣扬"兼爱",而韩非则一再强调,"以力得富,以事致贵,以过受罪,以功致赏"才是富国强兵的绝佳措施。因为"仁义""兼爱"只会使臣民懒于劳作,骄奢淫逸,轻视财富,降低国力。只有实行法治,臣民才会受到约束,有了约束,善行就会大大发扬,恶行就会得到遏制,国家也就好治理了。

功罪赏罚必知之

原文

　　赏莫如厚,使民利之①;誉莫如美,使民荣②之;诛莫如重,使民畏之;毁③莫如恶,使民耻④之。然后一⑤行其法,禁诛于私家,不害功罪。赏罚必知⑥之,知之,道尽⑦矣。

　　　　　　　　　　——《韩非子·八经》

　　注解:①利之:以之为利,贪图这些利益。②荣:以……为荣耀。③毁:诋毁,贬斥。④耻:以……为耻。⑤一:专一,执意。⑥知:懂得,明白。⑦尽:足够,完备。

今译

　　赏赐最好是优厚一些，使民众觉得有利；赞扬最好是美好一些，使民众感到荣耀；惩罚最好是加重一些，使民众感到害怕；贬斥最好是恶毒一些，使民众感到羞耻。然后一心一意推行法令，禁止臣下私行诛罚，就不会伤害国法的威严。谁有功，谁有罪，该赏谁，该罚谁，君主一定要弄清楚；弄清楚的话，治国方略就完备了。

释义

　　本节阐明了"利用人之常情，引导民众守法"这一基于人性特点的政治思想。韩非认为："凡治天下，必因人情。"人都有好利恶害的本性，所以加重奖赏人们就会勇于立功，加重惩罚人们就会畏惧犯法。这两样东西用得好，治理也就没有问题了。

有功者必赏

原文

　　故明主之吏，宰相必起①于州部②，猛将必发③于卒伍。夫有功者必赏，则爵禄厚而愈劝④；迁官袭级⑤，则官职大而愈治⑥。夫爵禄大而官职治，王之道⑦也。

——《韩非子·显学》

注解：① 起：提拔。② 州部：古代一种基层行政单位。
③ 发：发现，挑选。④ 劝：劝勉，鼓励。⑤ 迁官袭级：升官晋
级。⑥ 治：办事。这里是"办事能力强"的意思。⑦ 王之道：
统治天下的方法。王（wàng），称王。

今译

所以明君手下的官吏，宰相一定要从地方官员中选拔上来，
猛将一定要从士兵队伍中挑选出来。有功劳的人一定会受到奖
赏，那么俸禄越优厚他们就会越受鼓舞；按功劳大小不断升官晋
级，那么官职越高他们就越会处理好政事。各级官吏爵禄优厚
而且能尽职尽责，这是统治天下的方法。

释义

韩非认为，人的能力大小须经过实践检验，经过政事历练成
长起来的官员和在实战过程中培养出来的将才，往往才华出众，
能力突出。韩非提出的这种任用官吏的原则，对传统"世卿世
禄"的官员选用制度无疑是一种极大的挑战。

赏罚乃国之利器

原文

赏罚者，利器也，君操之以制①臣，臣得之以拥②主。

故君先见^③所赏，则臣鬻^④之以为德；君先见所罚，则臣鬻之以为威。故曰："国之利器，不可以示人^⑤。"

——《韩非子·内储说下》

注解：① 制：控制。② 拥：壅蔽，蒙蔽。③ 见：通"现"，露出。④ 鬻(yù)：卖。⑤ 国之利器，不可以示人：语出《老子》第三十六章，意思是国家的锐利武器不能拿来耀示于人。以，用来。示，给……看。

今译

赏罚是锐利的武器，君主掌握它就能用来制服臣子，臣子盗用它就能用来蒙蔽君主。所以君主事先露出行赏的苗头，臣子就会拿它卖好来作为自己的恩德；君主事先露出行罚的苗头，臣子就拿它卖乖来作为自己的威势。所以《老子》说："国家的锐利武器，是不能拿来给别人看到的。"

释义

韩非把赏罚权提高到"国之利器"的高度加以强调，认为：为了使这一大权不会旁落，君主在施行赏罚时就不仅要做到赏罚分明，而且还要不露声色，否则，君主的权威就会受到削弱，地位就会受到威胁。

务分刑赏为急

原文

　　故治乱之理，宜务分刑赏为急①。治国者莫不有法，然而有存有亡。亡者，其制②刑赏不分也。治国者，其刑赏莫不有分，有持以异③为分，不可谓分。至于察君之分，独分④也，是以其民重法而畏禁，愿毋抵罪而不敢胥赏⑤。故曰：不待⑥刑赏而民从事⑦矣。

——《韩非子·制分》

　　注解：① 务分刑赏为急：把致力于区分刑赏作为当务之急。务，致力于。急，当务之急，首先要做的事。② 制：规章制度。③ 异：不同（标准）。④ 独分：按统一标准进行区分。⑤ 胥赏：等待奖赏。胥，等待。⑥ 待：需要，依靠。⑦ 从事：服从效劳。从，服从，跟从。事，做事，效劳。

今译

　　所以治理国家的办法，应该把致力于区分刑赏作为当务之急。治理国家，没有哪位君主没有法令制度，然而有的国家保存下来，有的国家却灭亡了。灭亡的国家，它的规章制度刑赏不够分明。治理国家，没有哪位君主实行刑赏没有任何区分，有的君主秉持着按不同标准作为刑赏的依据，这并不能称为真正的赏罚分明。至于明察的君主区分刑赏，是按统一标准进行区分，因此他的民众都重视法制，畏惧禁令，希望不要犯罪，而不敢坐等奖赏。所以说：不需要刑罚奖赏，民众就已顺从效力了。

释义

韩非强调，"刑赏"要想对治理国家真正奏效，就要做到尺度统一，赏罚分明。在施行赏罚时，君主不能执行两套乃至多套不同标准。只有这样才能保证刑赏的公平和公正，才会引导臣民服服帖帖地为君主效劳，心甘情愿为国家出力。

仲尼行罚救火

原文

鲁人烧积泽①。天北风，火南倚②，恐烧国③。哀公惧，自将众趣④救火。左右无人，尽逐兽而火不救，乃召问仲尼。仲尼曰："夫逐兽者乐而无罚，救火者苦而无赏，此火之所以无救也。"哀公曰："善。"仲尼曰："事急，不及以⑤赏；救火者尽赏之，则国不足以赏于人。请徒⑥行罚。"哀公曰："善。"于是仲尼乃下令曰："不救火者，比⑦降北⑧之罪；逐兽者，比入禁⑨之罪。"令下未遍⑩而火已救矣。

——《韩非子·内储说上》

注解：① 烧积泽：古代打猎时往往放火烧山泽。② 南倚：向南蔓延。倚，偏移，这里有"蔓延"的意思。③ 国：指鲁国的都城。④ 趣：通"促"，急促，赶紧。⑤ 以：用，施行。⑥ 徒：只，仅仅。⑦ 比：比照，与……相同。⑧ 降北：投降和败逃。北，败逃。⑨ 入禁：进入禁地。禁，名词，禁地。⑩ 未遍：未传遍各处。

今译

鲁人打猎时焚烧一处长满野草的沼泽。天刮北风，火势向南蔓延，恐怕会烧到国都。鲁哀公害怕了，亲自率领众人赶紧救火。可他身边却没有人，那些人都去追逐野兽了，却不去救火，于是哀公把孔子召来询问。孔子说："追逐野兽的人既快乐又不受罚，救火的人既受苦又没有奖赏，这便是没人救火的原因。"哀公说："你说得对。"孔子说："事情紧急，来不及行赏了；假使救火的人都给予赏赐，那么国库财产也不够用来给大家行赏。请允许我只施行惩罚。"哀公说："好吧。"于是孔子就下令说："不救火的，与投降败逃同罪；追逐野兽的，与擅入禁地同罪。"命令下达后还未传遍，火就已经被扑灭了。

释义

本节是为论证君主实行统治时"必罚明威"而列举的具体事例。韩非认为，"刑罚不必则禁令不行"，孔子之所以"请徒行罚"，正是因为他摸准了人们的心理：宁愿放弃追逐野兽获得的小利，也不愿受到"降北""入禁"之罪应得的重罚。统治者制定赏罚制度，正是利用了民众这种趋利避害的心理，从而达到促使人们为国效力的目的。

第五单元
知人与用人

　　韩非主张君主集权,依法治国。如何使用人才,是实行法治的关键。"术"要和君主的"势"、推行的"法"结合起来才会发挥最大功效。君主的绝对权威、顺天应人的立场、明确的奖罚制度是选好人才、用好人才的制度保证。

循天顺人而明赏罚

原文

闻古之善用人者,必循天①顺人而明赏罚。循天,则用力寡而功立;顺人,则刑罚省而令行;明赏罚,则伯夷、盗跖②不乱。如此,则白黑分矣。治国之臣,效功③于国以履位,见能④于官以受职,尽力于权衡⑤以任事。人臣皆宜其能,胜其官,轻其任⑥,而莫怀余力于心,莫负兼官⑦之责于君。故内无伏怨⑧之乱,外无马服之患⑨。明君使事不相干⑩,故莫讼;使士不兼官,故技长;使人不同功,故莫争。争讼止,技长立,则强弱不觳⑪力,冰炭不合形⑫,天下莫得相伤,治之至也。

——《韩非子·用人》

注解:① 循天:遵循自然规律。天,天道,有"自然规律"的意思。② 伯夷、盗跖:伯夷,古代贤士,商末孤竹国君长子,与其弟叔齐互相推让国君权位,传为美谈。盗跖(zhí),传说原名展雄,又名柳下跖、柳展雄,春秋战国之际奴隶起义领袖,相传是当时贤臣柳下惠的弟弟。③ 效功:建立功劳。④ 见能:表现出才能。见,通"现",表现。⑤ 权衡:借指法令。⑥ 轻其任:意思是能胜任故不觉其重。轻,用作意动用法。⑦ 兼官:一人兼任多个官职。法家坚决反对一人兼任多职。⑧ 伏怨:心怀怨恨。伏,暗藏,隐藏。⑨ 马服之患:战国时赵奢为

赵将,大败秦军,号马服君。这里指其子赵括。赵括继廉颇之后为将,只知纸上谈兵,轻敌冒进,结果在长平大败于秦将白起,损兵四十多万,马服之患即指此事,这是用人不当、臣不胜责的一个典型事例。⑩ 相干:互相干扰。⑪ 觳(jué):通"角",角力,角斗。⑫ 形:通"型",不合型,犹言不同器。

今译

听说古代善于用人的君主,一定会遵循规律顺应人心,并且赏罚分明。遵循规律,就能够少用气力而建立功业;顺应人心,就能够少用刑罚而法令得以推行;赏罚分明,伯夷、盗跖就不会混淆。这样一来,黑白就分明了。太平国家的臣子,为国立功来履行职守,为公尽能来接受职务,依法尽力来担任职事。臣子都能发挥他们的才能,胜任他们的官职,轻松地完成他们的任务,而不需要在心里想着保存余力,不需要对君主承担兼职的责任。所以在国内没有心怀怨恨而导致的祸乱,在国外没有像赵括那样因用人不当而导致的祸患。英明的君主使各种职事不互相干扰,所以不会发生争吵;使士人不兼任官职,所以各自的技能长处得到充分发挥;使人们不在同一件事上立功,所以不会互相争斗。争吵平息了,擅长的技能表现出来了,强弱之间就不会争长论短,如同冰炭不在同一个器皿中一样,天下没有人能够相互伤害,这是治世的最高境界。

释义

怎样用人,是依法治国的一个关键问题,韩非提出的方案是遵循规律、顺应人心、明立赏罚,也就是按照社会形势的发展,倾听大多数人的意见,按照既定的法律法规,清清楚楚地赏罚,而不是以君主的主观意愿随意赏罚。唯其如此,臣民才可能按照既定的法律法规来履行职责,尽其所能为国效力。反之,违法乱纪的事就会层出不穷,国家就会陷入内忧外患的困境之中。

务取与务守

原文

阳虎议曰:"主贤明,则悉心^①以事之;不肖^②,则饰奸而试之^③。"逐于^④鲁,疑于齐,走而之赵,赵简主迎而相之^⑤。左右曰:"虎善窃人国政,何故相也?"简主曰:"阳虎务^⑥取之,我务守之。"遂执术而御^⑦之。阳虎不敢为非,以善^⑧事简主,兴主之强,几^⑨至于霸也。

——《韩非子·外储说左下》

注解:① 悉心:全心全意。② 不肖:没有才能。③ 饰奸而试之:掩饰奸邪之念去试探他。饰,掩饰。④ 于:被。⑤ 相之:让他做相室。⑥ 务:致力。⑦ 御:驾驭,控制。⑧ 以善:用擅长的本领。以,用。⑨ 几:几乎,差点儿。

今译

阳虎发表议论说:"君主贤明,我就全心全意地辅佐他;君主没有才能,我就掩饰起奸邪之念去试探他。"阳虎先后被鲁国国君驱逐,被齐国国君怀疑,逃跑到赵国,赵简主欢迎他并让他担任相国。左右近臣说:"阳虎善于窃取别人的国政,为什么让他做相室呢?"赵简主说:"阳虎专心致力于获取他能获取的,我专心致力于去守御我能守御的。"于是掌握住权术控制住他。阳虎不敢有非分之举,用他擅长的本领辅佐赵简主,使赵简主兴盛起来并不断强大,几乎到了可以称霸的地步。

释义

韩非认为,君主用人必须借助于"势"与"术",而不能寄希望于难以掌控的"信"。恃势则无往而不利,恃术则虽奸而可用。韩非用这个事例,就是为了阐明这个道理。阳虎在春秋历史上可谓臭名昭著,可赵简主看中他的治国才能,并自信可以"执术而御之",从而达到了强国的目的。

子罕不欲玉

原文

宋之鄙人①得璞玉而献之子罕②,子罕不受。鄙人曰:"此宝也,宜③为君子器,不宜为细人④用。"子罕曰:"尔以玉为宝,我以不受子玉为宝。"是鄙人欲玉,而子罕不欲玉。故曰:"欲不欲,而不贵难得之货⑤。"

——《韩非子·喻老》

注解:① 鄙人:指居住在郊野的人。② 子罕:人名,春秋时宋国贤臣。③ 宜：应该。④ 细人：指见识浅薄或地位低下的人，也就是细民、小民。⑤ 欲不欲，而不贵难得之货：语出《老子》第六十四章，意思是有道之人把没有欲望当作欲望，不把难以得到的货品看得很贵重。

今译

宋国有个乡下人得到一块璞玉，就把它进献给子罕，子罕不接受。乡下人说："这是宝玉，应该作为您的器物，不应被小民使用。"子罕说："你把玉看成宝，我把不接受你的玉看成宝。"这说明乡下人想要玉，而子罕不想要玉。所以《老子》说："把没有欲望当作欲望，不要把难得的财物看得太贵重。"

释义

执政的君主怎样才能做到赏罚公正呢？执法的官员怎样才能做到执法严明呢？清正廉洁的品德在这个时候不仅仅是一种美德，而且是一种职业操守，一种必备素质。只有把"无欲"当作宝来追求，不把稀罕的器物看得那么贵重，别有用心的人才没有可乘之机。

滥竽充数

原文

齐宣王使人吹竽，必三百人。南郭处士①请为王吹竽，宣王说②之，廪食③以数百人。宣王死，湣王立，好④

一一听之,处士逃。

——《韩非子·内储说上》

注解:① 处士:没做官的读书人。② 说:通"悦",喜欢。
③ 廪食:由公家供给粮食。廪,粮仓。④ 好:喜好,喜欢。

今译

齐宣王让人吹竽,一定要三百个人同时演奏。南郭处士请求给齐宣王吹竽,齐宣王很高兴,按照那几百人的标准供给他官粮。齐宣王死后,齐湣王继承王位,他喜欢一个一个听他们吹竽,南郭处士便逃走了。

释义

这则故事是为了论述君主御人"七术"中的"一听责下"(意思是一一听取禀告来督责下属)而使用的寓言。君主要做到知人善任,首先应区别每个人的实际能力和具体贡献。只有考核制度合理,才能赏罚分明,才能去伪存真,去芜取精,发现人才。

形名参同

原文

用一之道①,以名为首。名正物定②,名倚③物徙④。

故圣人执一以静,使名自命,令事自定。不见⑤其采,下故素正⑥。因而任之,使自事之;因而予之,彼将自举之;正与⑦处⑧之,使皆自定之。上以名⑨举之,不知其名,复修⑩其形。形名参同⑪,用其所生⑫。二者诚信,下乃贡情⑬。

——《韩非子·扬权》

注解:① 用一之道:一,这里特指为君王所独擅的法、术、势等。道,方法,原则。② 名正物定:这里的"名",指的是法令条文;"物",指功效,事功。③ 倚:偏斜。④ 徙:本义步行、迁移,这里是"游移不定"的意思。⑤ 见:通"现",出现,显露。⑥ 素正:淳朴正直。素,淳朴,真诚。⑦ 与:相当于"以"。⑧ 处:治理,办理。⑨ 名:这里指臣下的言论。⑩ 修:通"循",考察。⑪ 参同:互相配合参照。⑫ 所生:指参验形名所作出的赏罚决定。⑬ 贡情:献出真心。

今译

使用统一集权的法则,要把制定法令条文放在首位。法令正确,做事就能保证功效,法令制度出现偏差,做事就会走样。所以圣人以虚静的态度掌握权势,使法令制度根据实际情况制定出来,让事情自然而然得到解决。君主不动声色,臣下因而就真诚纯正。根据臣下的才能加以任用,使他们各自从事自己的工作;根据职务分配给他们工作,他们就会自己去做事;要正确地安排他们,使他们都各自履行好职责。君主根据臣下的言论任用他们做事,如果不知道他们的言论是否准确,就要再考察他们的工作情况。把臣下的言论和他们的工作情况相互参照,来做出赏罚的决定。只有言行确实一致,才算是臣下对君主忠诚。

释义

韩非在用人方面提出了很多颇有见地的策略和方法，"形名参同"就是其中之一。立法(即"正名")确立了行事的依据，执一(即掌握权柄)使臣下心怀畏惧，认真履职，而言行互相参照，责其事功以定赏罚的做法，则彻底断绝了臣下凭借夸夸其谈、好大喜功来博取禄位的念头，他们只能脚踏实地、尽心尽力地为君主效力了。

任人以术

原文

任人以事，存亡治乱之机①也。无术②以任人，无所任而不败。人君之所任，非辩智则修洁也③。任人者，使有势也。智士者未必信也，为多④其智，因惑其信⑤也。以智士之计，处乘势之资⑥而为其私急，则君必欺焉。为智者之不可信也，故任修士者，使断事也。修士者未必智，为洁其身，因惑其智。以愚人之所惛⑦，处治事之官而为其所然⑧，则事必乱矣。故无术以用人，任智则君欺，任修则君事乱，此无术之患也。明君之道，贱德义贵⑨，下必坐上⑩，决诚以参⑪，听无门户⑫，故智者不得诈欺。计功而行赏，程⑬能而授事，察端⑭而观失，有过者罪⑮，有能者得⑯，故愚者不任事。智者不敢欺，愚者不得断,则事无失矣。

——《韩非子·八说》

注解:① 机:关键。② 术:指贯彻法制思想的一整套措施,包括任免、考核、赏罚各级官吏的方法和手段,是韩非子法制理论的重要组成部分。③ 非辩智则修洁也:辩智,能言善辩,即下文的"智士"。修洁,洁身自好的儒家之徒,即下文的"修士"。④ 多:称赞,赞赏。⑤ 因惑其信:于是被迷惑,认为他是可靠的。惑,被迷惑。信,可靠。⑥ 乘势之资:凭借他拥有权势的条件。乘,凭借。资,指条件。⑦ 惛(hūn):昏乱糊涂。⑧ 而为其所然:做他自认为正确的事,自以为是。然,指认为正确。⑨ 贱德义贵:鄙贱之人可以议论高贵的人。德,通"得",可以,能够。义,通"议",议论。⑩ 下必坐上:下级一定要告发上级(否则一同治罪)。坐,连坐。⑪ 参:参验,核实。⑫ 听无门户:指多方面听取意见。⑬ 程:衡量,考核。⑭ 端:事情的开端。⑮ 罪:处罚。⑯ 得:得到(奖赏任用)。

今译

任用什么人处理政事,是决定国家存亡治乱的关键。如果不用法治手段来任用人,无论任用什么人都会导致失败。君主所任用的人,不是能说会道、聪明伶俐的智士就是品德高尚、洁身自好的修士。任用人,就是使他有权有势。能说会道、聪明伶俐的智士不一定可靠,因为赞赏他的才智,于是就被迷惑了,认为他是可靠的。凭着智士的计谋,利用有权有势的条件来干自己的私人要事,那么君主一定会被他欺骗。因为智士不可以相信,所以就任用品德高尚、洁身自好的修士,让他判断、处理政事。修士未必有智谋,因为敬重他的个人修养,于是就被迷惑了,认为他是有智谋的。就凭这样昏头昏脑的糊涂人,处在治理国家大事的官位上,自以为是地处理政事,那么国事一定混乱不堪。所以如果没有法制手段来任用官员,那么任用智士君主就会被欺骗,任用修士君主处理大事就会混乱不堪,这就是没有用人手段的祸患。英明君主的用人法则是鄙贱的人可以议论高贵的人,(官吏犯法)下级一定要告发(否则一同治罪),通过参验核实、判断官吏忠诚与否,多方面听取意见,所以足智多谋的人也不能欺骗君主。计算功绩来实行奖赏,衡量才能来授予职事,考察事情的来龙去脉来判断得失,有过错的人就判罪处罚,有才能的人就得到奖赏重用,所以愚笨的修士不会被任用来决断国事。足智多谋的智士不敢欺骗,愚蠢糊涂的修士没机会处理政事,那么国家大事就没有失误了。

释义

韩非强调"术"在用人任事中的重要作用。他认为,任用官员需要政治手段和法治措施,归根到底就是"计功而行赏,程能而授事,察端而观失"。要计算功绩实行奖赏,衡量才能授予职事,考察根由判断过失,有过错的人就判罪处罚,有才能的人就奖赏提拔,这样人才自然就为我所用了。

除苦立乐之道

原文

闻之曰:"举事无患者,尧不得①也。"而世未尝无事也。君人者不轻爵禄,不易富贵,不可与②救危国。故明主厉③廉耻,招④仁义。昔者介子推⑤无爵禄而义随文公,不忍口腹而仁割其肌,故人主结其德⑥,书图著其名。人主乐乎使人以公尽力,而苦乎以私夺威⑦;人臣安乎以能受职,而苦乎以一负二⑧。故明主除人臣之所苦,而立人主之所乐。上下之利,莫长于此。不察私门之内,轻虑重事,厚诛薄罪,久怨细过⑨,长侮偷快⑩,数以德追祸⑪,是断手而续⑫以玉也,故世有易身⑬之患。

——《韩非子·用人》

注解:① 得:做到。② 与:通"以"。③ 厉:通"励",鼓励,奖励。④ 招:求,举。一说"提倡"之意。⑤ 介子推:春秋时期晋国贵族,曾从晋公子重耳流亡国外,以忠义闻名。重耳出亡落魄时,介子推割股饲主。后重耳归国即位,即为晋文公,介子推归隐不仕。⑥ 结其德:铭记他的德行。结,牢固,这里指牢牢记住,铭记。⑦ 以私夺威:因为臣下的私利劫夺君主的威权。以,因为。⑧ 以一负二:谓兼官。负,承担,担任。⑨ 细过:细小的过失。⑩ 长侮偷快:总是贪求一时的快乐。偷快,一时的快乐。侮,一说"侮"当作"捋(měi)",贪求。⑪ 以德追祸:用小恩小惠弥补对别人的伤害。德,恩惠。追,补偿。⑫ 续:接续,连接。⑬ 易身:犹"易位",指君位被篡夺。

今译

我听别人说:"做事情不出差错,就是尧也做不到。"而社会从来没有平安无事的时候。君主如果不能看轻爵位俸禄,不肯放手让臣下取得富贵,就不能够解救危亡的国家。所以明君鼓励廉耻之心,提倡仁义之举。过去介子推没有爵位俸禄,凭着仁义之心追随晋文公出亡,不忍心让文公挨饿,又凭着仁义之心割下自己的肉给晋文公吃，所以君主铭记他的德行，书上著录他的名字。君主由于能使臣下为公尽力而永葆安乐，由于臣下为了私利去劫夺君主威权而陷入痛苦；臣子由于君主能按照才能授予官职而感到安定，由于须一身兼任二职而痛苦不堪。所以英明的君主能够摒除臣子感到痛苦的事，而建立能让君主永葆安乐的局面。君臣的利益，没有比这更深远的了。不明察大臣私下的活动，轻率地考虑重大的事情，过重地处罚犯轻罪的人，长期责难臣下的小错，总是贪求一时的快乐，频繁地用小恩小惠来补偿给人造成的灾难，这就像砍断手臂而接上玉一样，所以天下有君位被篡的祸患。

释义

韩非认为，君主应当轻爵禄，易富贵，励廉耻，招仁义，对臣下"以能受职"，臣下才能"以公尽力"，君主能够"除人臣之所苦"，自己才能够"立人主之所乐"。君主用人，不必苛责求全，论功行赏不能吝啬，按能力安排职位不能随意乱来；君主对自己倒应该严于律己，保持赏罚的统一尺度。

用臣与防臣

原文

主上不神①，下将有因②；其事不当，下考其常③。若天若地，是谓累解④；若地若天，孰疏孰亲？能象⑤天地，是谓圣人。欲治其内，置而勿亲⑥；欲治其外，官置一人⑦；不使自恣⑧，安得移并⑨？大臣之门，唯恐多人。凡治之极，下不能得⑩。周合⑪刑名，民乃守职；去此更求⑫，是谓大惑。猾民愈众，奸邪满侧。故曰：毋富人而贷⑬焉，毋贵人而逼焉，毋专信一人而失其都国⑭焉。腓大于股⑮，难以趣⑯走。主失其神，虎随其后。主上不知⑰，虎将为狗。主不蚤⑱止，狗益无已。虎成其群，以弑其母⑲。为主而无臣，奚国之有？主施其法，大虎将怯；主施其刑，大虎自宁。法刑苟信⑳，虎化为人，复反其真。

——《韩非子·扬权》

注解：①神：神秘莫测。按《易·系辞上》："阴阳不测之谓神。"②因：依靠，凭借之意。③其事不当，下考其常：君王如果处事不当，臣下就会把它引为成例来作参照。常，常规。④累解：据俞樾《古书疑义举例》考证，累解在古语中属叠韵联绵词，犹平正也。⑤象：模仿，效仿。⑥置而勿亲：设置左右近臣而不去亲近他们。置，设置。⑦官置一人：即一官设一人，人不兼官，官不兼事。⑧自恣：自我放纵。恣，放纵。⑨移并："移"指君威转移，大权旁落。"并"指臣下兼并职权，染指君权。⑩下不能得：指臣下不能得到分外的职权和利益。⑪周合：参合，综合运用。⑫更求：另寻他法。更，另外。⑬贷：借。这两句中的"富人""贵人"意思是使别人富裕，使别人尊贵。⑭都国：这里指国家政权。国，与"都"同义，国都，京城。⑮腓大于股：腓，腿肚子。股，大腿。⑯趣：通"趋"，急匆匆地小步跑。⑰不知：意思是具有大智慧。不，通"丕"，大。知，通"智"，智慧，才智。⑱蚤：早。⑲母：这里

为"本源""主子"的意思,指君主。⑳ 苟信:如果得到切实
执行。

今译

　　君主如果不神秘莫测,臣下就会有机可乘;君主如果处事不
当,臣下把它引为成例来作为今后处事的规则。像天地那样立
身处世,这就可称为公允平正;像天地那样立身处世,又会去疏
远谁亲近谁呢? 能够效法天地,这就能称为圣人。要想治理好
内部,就要安置左右近臣,但不要有所亲近;要想治理外部,每个
官职便只安排一个人;不让臣下越权放纵,又怎会出现君权外
移、大臣兼权的情形呢? 大臣的门下,唯恐党羽众多。大凡治理
国家的最高境界,臣下是得不到结党营私、篡权谋乱的机会的。
综合运用刑名之学,民众就会安守本职;丢掉这种方法去另寻他
法,这就可称作大糊涂。(这样)刁民就会越来越多,奸邪的臣下
就会布满身边。所以说,不要使别人富裕而自己向他借贷,不要
使别人尊贵而自己受到威逼,不要专信一人而使自己失去国家
政权。腿肚子比大腿还粗,就难以疾走快跑。君主失去神秘莫
测的权威,虎视眈眈的人就会跟随在后面。君主有大智慧,老虎
就会变成狗。君主如果不及早制止,狗们就不会停止狂吠。老
虎如果聚结成群,就会杀掉他们的主子。做了君主而没有臣子,
还能拥有什么国家呢? 君主施行法令,大老虎就会害怕;君主施
行刑罚,大老虎自然就会安宁。法令刑罚如果能够切实执行,怀
有虎狼之心的野心家就会变成一般人,重新恢复君臣的正常
关系。

释义

　　这段文字主要阐述君主如何运用权术驾驭臣下,维持正常
的君臣关系,维护政权的稳定。君主执政,当然要任用臣下为其

效力,但如果不能够处理好君与臣、职与权之间的关系,就会发生臣权超越君权,最终谋权篡位的事情。因此明君既要用臣,又要防臣。如何处理好这一对矛盾?韩非提出的权谋之术就是"神"与"刑名"。

周 有 玉 版

原文

　　周有玉版,纣令胶鬲①索之,文王②不予;费仲③来求,因予之。是胶鬲贤而费仲无道也。周恶④贤者之得志也,故予费仲。文王举⑤太公于渭滨者,贵⑥之也;而资⑦费仲玉版者,是爱之⑧也。故曰:"不贵其师,不爱其资,虽知大迷,是谓要妙⑨。"

——《韩非子·喻老》

　　注解:① 胶鬲:商纣王时名臣。原为贩卖鱼盐的商人,后来周文王把他举荐给商纣王。② 文王:姓姬名昌,商朝末年西伯侯,积善行仁,政化大行,天下诸侯多归从,他儿子武王得到天下后,追尊他为文王。③ 费仲:商纣王时的佞臣。④ 恶:厌恶。⑤ 举:选拔,提拔。⑥ 贵:以……为尊贵的,尊重。⑦ 资:给予,提供。⑧ 爱之:爱,爱护,爱惜。之,指胶鬲。⑨ 不贵其师,不爱其资,虽知大迷,是谓要妙:语出《老子》第二十七章。要妙,精要玄妙,这里指精妙深奥的道理。

今译

周文王有一块玉版，殷纣王派胶鬲前来索取，文王不给他；费仲来索求，文王就给他了。这是因为胶鬲贤明而费仲混账。周文王讨厌贤人在商纣王那里得志，所以给了费仲。周文王在渭水边选拔了姜太公，是看重他；把玉版提供给费仲，这是爱护胶鬲。所以《老子》说："假如不尊重自己的老师，不爱惜自己可资利用的条件，虽然自以为聪明，其实很糊涂，这是个精妙深奥的道理。"

释义

君主需要珍惜可资利用的资源，周人手中的玉版就是资源，文王用玉版笼络费仲，支持他在纣王那里得宠，从而使贤人得到保护，使奸佞恶贯满盈，这就是珍惜资源，善于用足用好已有资源。老师也是一种资源，周文王在渭水岸边发现了姜太公，拜他为师，充分发挥这份资源的优势，这是周室发迹称王的重要因素。争天下，就要依靠自己拥有的优势资源，最重要的资源就是人才资源，韩非借对《老子》话语的解释，阐明的就是这个道理。

汤让天下于务光

原文

汤以①伐桀，而恐天下言己为贪也，因②乃让天下于务光③。而恐务光之④受之⑤也,乃使人说⑥务光曰:"汤杀君而欲传恶声⑦于子,故让天下于子。"务光因自投于河。

——《韩非子·说林上》

注解:① 以:通"已",已经。② 因:于是。③ 务光:古代隐士,相传汤让位给他,他不肯接受,负石沉水而死。④ 之:助词,无意义。⑤ 之:代词,这里指"天下"。⑥ 说(shuì):游说,劝说。⑦ 恶声:坏名声。

今译

商汤已经灭掉夏桀,怕天下人说自己贪心,于是就把天下让给务光。但担心务光真的接受下来,就派人劝告务光说:"商汤杀了君主而想把坏名声转嫁给你,所以才把天下让给你。"务光于是就投河自尽了。

释义

《史记·韩非传》索隐:"《说林》者,广说诸事,其多若林,故曰《说林》也。"也就是传说故事集。

本段文字讲的是商汤王让天下的故事:商汤既想拥有天下,又怕担承骂名,于是就想利用务光;想利用务光,又担心弄假成真被务光占了便宜,于是他明修栈道,暗渡陈仓,结果是既得美名,又享天下。韩非用这个故事阐明了权谋之术在政治运作中是无往而不利的。

巧诈不如拙诚

原文

　　乐羊①为魏将而攻中山，其子在中山②。中山之君烹其子而遗③之羹，乐羊坐于幕下而啜④之，尽一杯。文侯谓堵师赞⑤曰："乐羊以我故而食其子之肉。"答曰："其子而食之，且⑥谁不食？"乐羊罢中山，文侯赏其功而疑其心。孟孙⑦猎得麑⑧，使秦西巴⑨持之归，其母随之而啼。秦西巴弗忍⑩而与之。孟孙归，至而求麑，答曰："余弗忍而与其母。"孟孙大怒，逐之。居三月，复召以为其子傅。其御曰："曩⑪将罪之，今召以为子傅，何也？"孟孙曰："夫不忍麑，又且忍吾子乎？"故曰："巧诈不如拙诚。"乐羊以有功见⑫疑，秦西巴以有罪益信⑬。

——《韩非子·说林上》

　　注解：① 乐羊：战国时魏文侯的大将。② 中山：春秋战国时期燕赵之间的一个小诸侯国。③ 遗(wèi)：送给。④ 啜(chuò)：饮，吃。⑤ 文侯：这里指魏文侯，战国时期魏国的建立者。堵师赞，魏国人，堵师是复姓。⑥ 且：用法相当于"其"，副词，加强反问语气。⑦ 孟孙：即孟懿子，鲁国大夫，"懿"是他的谥号。⑧ 麑(ní)：小鹿。⑨ 秦西巴：战国时鲁国人，孟孙家臣。⑩ 忍：狠心。⑪ 曩(nǎng)：从前。⑫ 见：被。⑬ 益信：更加受到信任。益，更加。

今译

乐羊担任魏将去攻打中山国,他的儿子在中山国。中山国君把他儿子煮了,把带汁的肉送给他,乐羊坐在帐幕下就吃喝起来,吃完了一杯。魏文侯对堵师赞说:"乐羊因为我的缘故而吃了他儿子的肉。"堵师赞回答说:"自己的儿子他尚且都吃,还有谁不能吃呢?"乐羊从中山归来,文侯奖赏他的功劳,却怀疑他的忠心。孟孙打猎,捉到一只小鹿,让秦西巴带着它往回走。小鹿的母亲跟在后面啼鸣。秦西巴狠不下心来,就把小鹿还给了母鹿。孟孙回来后,来要小鹿。秦西巴回答说:"我狠不下心来,就还给了它的母亲。"孟孙非常气愤,赶走了他。过了三个月,(孟孙)又把秦西巴叫回来,让他担任自己儿子的老师。他的车夫说:"从前要治他的罪,现在又召来让他担任儿子的老师,为什么?"孟孙说:"他对小鹿都狠不下心,又怎么会对我儿子下狠心呢?"所以说:"智巧、伪诈比不上笨拙、诚实。"乐羊因为有功遭到怀疑,秦西巴因为有罪更加受到信任(便是这个道理)。

释义

韩非主张君主要运用"巧诈",但对臣子而言,"巧诈不如拙诚",原因很简单,无论谁做君主,都希望下属忠诚厚道一些。由此可见,他的法家思想,完全是为君主专制服务的。

仁暴皆可亡国

原文

　　慈母之于弱子也，爱不可为前①。然而弱子有僻行②，使之随师；有恶病，使之事医。不随师则陷于刑，不事医则疑③于死。慈母虽爱，无益于振刑④救死，则存子者非爱也⑤。子母⑥之性，爱也；臣主之权，策也。母不能以爱存家，君安能以爱持国？明主者通于富强，则可以得欲矣。故谨于听治⑦，富强之法也。明其法禁，察其谋计。法明则内无变乱之患，计得则外无死虏之祸⑧。故存国者，非仁义也。仁者，慈惠而轻财者也；暴者，心毅而易诛⑨者也。慈惠，则不忍；轻财，则好与⑩。心毅，则憎心见⑪于下；易诛，则妄杀加⑫于人。不忍，则罚多宥赦⑬；好与，则赏多无功。憎心见，则下怨其上；妄诛，则民将背叛。故仁人在位，下肆⑭而轻犯禁法，偷幸⑮而望于上；暴人在位，则法令妄而臣主乖⑯，民怨而乱心生。故曰：仁暴者，皆亡国者也。

——《韩非子·八说》

　　注解：①为前：超过。②僻行：不良行为。僻，邪僻，不正常。③疑：通"拟"，近于。④振刑：使免受刑罚。振，挽救，救治。⑤存子者非爱也：能使孩子得以保存的不是母爱。

存,使……得到保存。⑥ 子母:即母亲。⑦ 谨于听治:严格按照法治听政治国。谨,严守。⑧ 死虏之祸:指死于敌人之手的灾祸。虏,敌人。⑨ 心毅而易诛:心肠残忍,轻易杀戮。毅,残忍,残酷。⑩ 好与:指滥行赏赐。与,给。⑪ 见:通"现",显示。⑫ 加:施加。⑬ 宥赦:原谅宽赦。宥(yòu),原谅。⑭ 肆:放纵,为所欲为。⑮ 偷幸:侥幸。⑯ 乖:背离,离心离德。

今译

　　慈母对于弱小的孩子的爱,没有哪种爱能超过它。但是如果弱小的孩子有不良行为,就要让他跟随老师学习;如果他有了严重的疾病,就要让他看病求医。不跟随老师学习就会犯法受刑,不看病求医就近乎等死。慈母虽然很爱孩子,但对使孩子免受刑罚、免于死亡却没有任何帮助,那么使孩子保存下来的并不是母爱。对孩子的爱是母亲的本性;君主驾驭臣下的权柄,是谋略。母亲不能用爱来保存家庭,君主又怎么能用爱来维持国家呢?英明的君主通晓富国强兵的方法,就可以达成心愿了。所以严格地听政治国,是富国强兵的方法。(君主要)严明法度禁令,研究计谋策略。法令彰明,国内就没有发生变乱的祸患;计谋得当,国外就没有死于敌手的灾难。所以保存国家的方法,不是仁义。所谓仁,就是仁慈恩惠,轻视钱财;所谓残暴,就是心地残忍,轻易杀戮。仁慈恩惠,就狠不下心肠;轻视钱财,就会滥行赏赐。心地残忍,憎恶之心就会在臣下面前流露出来;轻易杀戮,错杀乱杀就会施加给无辜之人。狠不下心,处罚时就会过分宽宥赦免;滥行赏赐,奖赏时就会使很多无功之人受赏。憎恶之心流露出来,那么下级就会怨恨上级;胡乱杀戮,那么民众就会背叛。所以仁爱之人在位,下级就会肆意妄为,轻易违犯法律禁令,心怀侥幸奢望得到君主赏赐;残暴的人在位,法律禁令就会被滥用,臣子与君主就会离心离德,民众怨声载道,叛乱之心就产生了。所以说：仁爱和残暴的人，都是使国家灭亡的人。

释义

　　韩非认为，仁爱在治理国家时是行不通的，但若是残暴，也行不通。因此，就用人之道而言，过于仁爱的人不能选拔到大臣的位置上；当然，过分残暴的人也不能选用。至于选拔什么样的人，从韩非的整个思想体系可知，他的主张其实就是用法制来选用人才，通过考察功绩来提拔官员。

孔子取人

原文

　　澹台子羽①，君子之容②也，仲尼几③而取之，与处久而行不称④其貌。宰予⑤之辞，雅而文也，仲尼几而取之，与处而智不充⑥其辩。故孔子曰："以容取⑦人乎，失⑧之子羽；以言取人乎，失之宰予。"

　　　　　　　　　　　　　　　　——《韩非子·显学》

　　注解：①澹台子羽：姓澹台，名灭明，字子羽，鲁国人。据说他体态和相貌很丑陋，想要师事孔子，孔子认为他资质低下，不会成才。澹台灭明受到冷遇后，更加发奋求学，严谨修行，终于成为一代有影响的学者。韩非所述与儒家的记载有区别。② 容：容貌，仪表。③ 几：接近，也许，差不多。一说"观察"。④ 称：相称，匹配。⑤ 宰予：字子我，亦称宰我，春秋末鲁国人，孔子弟子，能言善辩。⑥ 充：相当，及得上。⑦ 取：选取，收录。⑧ 失：犯错误，有过失。

今译

澹台子羽有君子的仪表，孔子认为他也许行，就收在门下，同他相处久了(却发现他的)品行和他的容貌很不相称。宰予说起话来高雅而有文采，孔子认为他也许行，就收他为徒，同他相处(却发现他的)智慧远不及他的口才。所以孔子说："按照容貌取人吧，在对待子羽的问题上我犯了错；按照言谈取人吧，在对待宰予的问题上我犯了错。"

释义

用人，当然先要选对人。选人就要有选人的标准和依据。以貌取人固然不可取，以言取人同样会被夸夸其谈、言过其实之徒所蒙蔽。所以韩非说"观容服，听辞言，仲尼不能以必士"，他认为选拔人才最重要的还是"试之官职，课其功伐"，根据表现，论功行赏，逐步提拔。

第六单元
防奸与止奸

韩非认定君主绝对的权势才是实施法治的基本保障。

君主怎样捍卫自己的绝对权势呢？韩非告诉君主，不要太相信近臣，不要想依靠诸侯。为了能够大权独揽，孤家寡人就是君主的命运。防止来自奸邪之臣的威胁，是捍卫权势，运用权势的一项重要功课。

防

卫人嫁女

权臣四助

为与其所以为

明察言事以任下

禁邪与备不虞

臣罪与主失

涂渠问田鸠

臣主不共权势

私告任坐

卫人嫁女

卫人嫁其子①而教之曰："必私积聚。为人妇而出②,常也;其成居③,幸也。"其子因私积聚,其姑④以为多私而出之。其子所以反⑤者,倍其所以嫁。其父不自罪⑥于教子非也,而自知其益富⑦。今人臣之处官者,皆是类也。

——《韩非子·说林上》

注解：① 子：女儿。古代女儿亦称"子"。② 出：已婚妇女被夫家遗弃,逐回娘家。③ 成居：成立家室而不被遗弃。④ 姑：旧时女子称丈夫的母亲,同现在的"婆婆"。⑤ 反：通"返",返还。⑥ 自罪：自责。⑦ 自知其益富：因为更加富有了而自以为聪明。知,通"智"。

今译

有个卫国人嫁女儿,教育她说:"你一定要多攒私房钱。做人家的妻子而被休回娘家,是常有的事;能成家立室,是很侥幸的。"他的女儿于是就攒私房钱,她婆婆认为她私心太重,就把她休回娘家。他女儿带回来的财物,比用来陪嫁的财物多出一倍。她的父亲不自责教育女儿的错误,反而因为更加富有了而自以为聪明。现在处在官位上的臣子,都是这一类人。

释义

韩非在这里提醒君主，臣属中有很多像那位卫国人一样缺乏责任感、贪小谋私的蛀虫，必须防止他们做出有损国家利益的事情。首先，要及时发现这些蛀虫；其次，要毫不犹豫地把他们处理掉，把损失控制在最小的范围内。

权 臣 四 助

原文

当涂之人①擅事要②，则外内为③之用矣。是以诸侯不因④，则事不应，故敌国为之讼⑤；百官不因，则业⑥不进⑦，故群臣为之用；郎中不因，则不得近主，故左右为之匿⑧；学士不因，则养禄薄礼卑⑨，故学士为之谈⑩也。此四助⑪者，邪臣之所以自饰⑫也。重人⑬不能忠主而进其仇⑭，人主不能越四助而烛察⑮其臣，故人主愈弊⑯而大臣愈重⑰。

———《韩非子·孤愤》

注解：① 当涂之人：当道掌权的大臣。涂，通"途"，道路。② 擅事要：独揽政要。擅，占有，独揽。③ 为：被。④ 因：依靠，依顺。⑤ 讼：通"颂"，颂扬。⑥ 业：业绩。⑦ 不进：不能有所进展，这里指不能升官。⑧ 匿：隐瞒（罪责),隐匿(过失)。⑨ 养禄薄礼卑：供养菲薄,待遇低下。养禄,薪资,俸禄。⑩ 谈：吹捧,说好话。⑪ 四助：指上文所说的敌国、群臣、左右、学士。⑫ 自饰：自我包装,掩饰自己(的真实言行)。⑬ 重人：重要臣属。⑭ 进其仇：推荐他的仇敌。进,引荐,推举。仇,政敌,这里指法家人士。⑮ 烛察：清楚地了解、洞察。⑯ 弊：通"蔽",受蒙蔽。⑰ 重：(权势)大。

今译

当权的重臣独揽大权,那么外交和内政就被他利用了。因此诸侯如果不依靠他,事情就得不到照应,所以敌国为他歌功颂德；各级官吏不依靠他,官职就得不到提升,所以群臣为他所利用；君主的侍从官员不依靠他,就不能接近君主,所以君主身边的人替他隐瞒罪行；学士不依靠他,就会俸禄薄而待遇低,所以学士为他说好话。这四类帮凶,是奸邪之臣用来粉饰自己的工具。(这样的)重臣绝不会忠于君主而推荐自己的政敌,君主不能越过四类帮凶来洞察他的臣下,所以君主越来越受蒙蔽,而重臣的权势越来越大。

释义

韩非在这里警告君主,要防范来自内部尤其是权臣的威胁,不要把信任放在一个人身上,把权力委托一位能臣掌管,而是要运用权术驾驭臣下,制衡他们的权力。防范权臣,关键在于及时分权。只有臣下分权制衡,君主才能集中大权,高枕无忧。

为与其所以为

原文

　　田伯鼎好士而存其君①，白公好士而乱荆②。其好士则同，其所以为则异。公孙支自刖而尊百里③，竖刁自宫而谄桓公④。其自刑则同，其所以自刑之为则异。慧子⑤曰："狂者东走⑥，逐者亦东走。其东走则同，其所以东走之为则异。故曰：'同事⑦之人，不可不审察⑧也。'"

——《韩非子·说林上》

　　注解：① 田伯鼎好士而存其君：事不详。田伯鼎，春秋时齐国大夫。士，古代最底层贵族，读书人。存，保全。② 白公好士而乱荆：白公，春秋时楚国大夫，名胜，楚平王之孙，其父太子建因被陷害出奔，他也随伍子胥出走到吴国，后被召回，楚惠王十年作乱，兵败自杀。荆，楚国的别称。③ 公孙支自刖而尊百里：事不详。史载秦穆公得百里奚，公孙支知其相得，乃以上卿之位让百里奚，自居次卿而佐之。刖，古代砍去双足的酷刑。尊，使……得到尊崇。百里，即百里奚，春秋时期辅佐秦穆公的名臣。④ 竖刁自宫而谄桓公：竖刁，春秋时齐桓公幸臣。齐桓公晚年昏庸，宠信内臣，竖刁自宫以近桓公，得宠，后专齐政，为乱，桓公遂饿死。谄，巴结，讨好。⑤ 慧子：即惠施，战国时期著名政治家、哲学家，名家学派的代表人物。慧，通"惠"。⑥ 走：奔跑。⑦ 同事：做相同的事情。⑧ 审察：认真考察，仔细区分。审，仔细，周密。

田伯鼎喜欢收养士人并因此保全了他的国君;白公胜喜欢收养士人,却因此扰乱了楚国。他们喜欢收养士人是相同的,但他们喜欢收养士人的原因却不同。公孙支自己砍掉双足来使百里奚获得高官,竖刁自行阉割来巴结齐桓公。他们自我用刑是相同的,但他们自我用刑的目的却不同。惠子说:"疯子向东奔跑,追赶的人也向东奔跑。他们向东奔跑的行为是相同的,但他们向东奔跑的原因却并不相同。所以说:'对做了同样事情的人,不可不审慎地加以考察区分。'"

释义

这段文字运用几个事例,通过鲜明对比,为君王提出一条识别忠奸的法则。不同的人做同样的事情,其目的和动机往往各不相同。因此要看清一个人,辨其忠奸,察其真伪,就一定要考察其所作所为背后的"其所以为"。如果仅仅看其表相,不明就里,就会受到蒙骗,陷入迷惑之中。

明察言事以任下

原文

人主有诱于事①者,有壅于言②者,二者不可不察也。人臣易言事③者,少索资④,以事诬⑤主。主诱而不察,因而多⑥之,则是臣反以事制⑦主也。如是者谓之诱,诱于事者困于患。其进言少,其退费多⑧,虽有功,其进言不信⑨。不信者有罪,事有功者不赏,则群臣莫敢饰言以惛⑩主。主道者,使⑪人臣前言不复⑫于后,后言不复于前,事虽有功,必伏其罪⑬,谓之任下⑭。

——《韩非子·南面》

注解:① 诱于事:被事情所牵制。于,表被动。诱,引诱,牵制。② 壅于言:被言论所蒙蔽。壅,遮蔽,蒙蔽。③ 易言事:把事情说得很轻松。④ 少索资:向君主索要的条件少。资,条件。⑤ 诬:欺骗,蒙骗。⑥ 多:称许,赞赏。⑦ 制:控制。⑧ 其进言少,其退费多:他在君主面前说需要的条件很少,在君主背后花费的却很多。进,在朝中,在君主面前。退,退朝,在君主背后。⑨ 信:真诚,真实。⑩ 惛:同"昏",迷乱,糊涂;这里用作使动,迷惑,使……糊涂。⑪ 使:假使,如果。⑫ 复:符合,应验。⑬ 伏其罪:受到应得的惩罚。伏,通"服"。⑭ 任下:使用臣下的方法。

今译

　　君主有被事情所牵制的,有被言论所蒙蔽的,这两种情况不可不明察。把事情说得很轻松的臣子,要求的条件少,用事情来欺骗君主。君主受到诱惑而不加考察,因而夸奖他,那么臣子反过来就会用事情控制君主。像这种情况就叫做牵制,被事情所牵制的君主就会被祸患所困扰。臣子在朝中说办事需要的代价很少,实际上退朝后他的花费却很多,即使事情办成了,他在君主面前讲的话仍属不诚实。不诚实的人有罪,即使办事有功也不赏赐,那么群臣就不敢花言巧语来迷惑君主。做君主的原则是,如果臣下先前讲的话和后来办的事不一致,或者后来讲的话和先前办的事不符合,事情即使办成了,也一定要使他受到应得的惩罚,这就是使用臣下的方法。

释义

　　韩非在这部分论述了君主在决策过程中可能遭遇的两种误导方式。这里选取了前半部分——"诱于事者"。臣下事先把事情说得简单易行,花费也不大,一旦开始,开销却很多。这时君主已经被事情牵制住了,只好继续投入。像这种情况,即使事情办成了,也要惩罚首倡此事的臣下,因为他言涉不信。在韩非的词典里,对君主"不信"就是罪过,君主必须集权,必须洞察一切,权威不得冒犯。

禁邪与备不虞

原文

　　昔者纣之亡,周之卑①,皆从②诸侯之博大也;晋之分③也,齐之夺④也,皆以群臣之太富也。夫燕、宋之所以弑其君者,皆此类也。故上比⑤之殷、周,中比之燕、宋,莫不从此术也。是故明君之蓄⑥其臣也,尽之以法,质之以备⑦。故不赦死,不宥⑧刑;赦死宥刑,是谓威淫⑨。社稷将危,国家偏威⑩。是故大臣之禄虽大,不得藉威城市⑪;党与⑫虽众,不得臣士卒⑬。故人臣处国无私朝⑭，居军无私交，其府库不得私贷于家⑮，此明君之所以禁其邪。是故不得四从⑯，不载奇兵⑰，非传非遽⑱，载奇兵革，罪死不赦。此明君之所以备不虞⑲者也。

—— 《韩非子·爱臣》

注解：①卑：衰微，衰弱。②从：义同"以"，因为，因由。③晋之分：指公元前403年，韩、赵、魏三家分晋。分，被瓜分。④齐之夺：指公元前481年，齐国大臣陈恒弑简公，控制齐国政权。夺，被夺位。⑤比：对照。⑥蓄：蓄养，豢养，这里可以理解为"管理"的意思。⑦质之以备：用各种措施督责大臣。质，问责，督责。备，各种防范措施。⑧宥（yòu）：原谅，赦免。⑨威淫：威势涣散。淫，游移，涣散。⑩偏威：君王大权旁落。⑪藉威城市：应为"藉城市"，"威"是衍文。指征收受封之地的租税归于私家。城市，指受封之地。藉，通"籍"，征收租税。⑫党与：同党之人。⑬臣士卒：以士卒为臣，指拥有私人武装。⑭处国无私朝：在都城里不私下聚会。国，都城。朝，朝会。⑮私贷于家：（把财物）私自借贷给人家。贷，借贷。⑯不得四从：（臣子）不能乘坐四匹马拉的有随从的车子。四，通"驷"，四匹马拉的车。⑰不载奇兵：车上不许配载哪怕一件兵器。奇，单只。兵，兵器。⑱非传非遽，载奇兵革，罪死不赦：意思是除非国家公文紧急传递的特殊需要，车上如果配载一件兵器铠甲，就要判处死罪，绝不宽赦。传，这里指驿站所备的马车。遽（jù），古代报信的快马或驿车。革，铠甲。⑲不虞：出乎意料的事，意外变故。虞，预料。

今译

从前商纣的灭亡，周朝的衰微，都是由于诸侯尾大不掉；晋国被三分，齐国被篡权，都是由于群臣权重势广。燕、宋的臣子杀掉国君的原因，都属这类情况。所以在上对照商、周，中间对照燕、宋，没有一个不是用的这种手段。所以，高明的君主豢养他的臣下，完全按照法来办事，用各种防范措施督责大臣。所以不赦免死囚，不宽宥罪犯；赦免死囚，宽宥罪犯，这叫做威势涣散。国家将危，君权旁落。因此大臣的俸禄虽然很多，但不能征收受封之地的租税转入私家；同党之人即使很多，但不能拥有私人武装。所以臣子在都城不许私自聚会，在军队不准有私人交往，他们府库里的财物不能私自借贷给人家，这是明君用来防止臣子作奸犯上的办法。因此大臣外出不准有许多车马随从，不准在车上携带任何兵器，如果不是传递紧急文件，车上带有一件兵器铠甲，都要判处死刑，决不宽赦。这是明君用来防备意外变故的办法。

释义

韩非认为，诸侯、大臣实力壮大对君主是一种潜在的威胁，因此一定要用明确的法令制度来规范臣子的行为，削弱臣子的力量，才能长保君位牢固，国家安定。君主要使国家强盛，威震四方，固然要任用能臣；但要想做到用臣而不为臣子所乱，却一定要在"禁"与"备"上下功夫。这也算是政治运作的辩证法吧。

臣罪与主失

原文

万乘①之患，大臣太重；千乘之患，左右太信：此人主之所公患也。且人臣有大罪，人主有大失，臣主之利与相^②异者也。何以明之哉？曰：主利在有能而任官，臣利在无能而得事^③；主利在有劳而爵禄，臣利在无功而富贵；主利在豪杰使能^④，臣利在朋党用私^⑤。是以国地削而私家富，主上卑而大臣重。故主失势而臣得国，主更称蕃臣，而相室剖符^⑥，此人臣之所以谲主便私^⑦也。故当世之重臣，主变势^⑧而得固宠者，十无二三。是其故何也？人臣之罪大也。臣有大罪者，其行欺主也，其罪当死亡也。智士者远见而畏于死亡，必不从重人^⑨矣；贤士者修廉而羞与奸臣欺其主，必不从重臣矣。是当涂者之徒属^⑩，非愚而不知患者，必污^⑪而不避奸者也。大臣挟愚污之人，上与之欺主，下与之收利侵渔^⑫，朋党比周^⑬，相与一口^⑭，惑主败法，以乱士民，使国家危削，主上劳辱，此大罪也。臣有大罪而主弗禁，此大失也。使其主有大失于上，臣有大罪于下，索^⑮国之不亡者，不可得也。

——《韩非子·孤愤》

注解：① 万乘：指天子，有时也指大诸侯国。周制，天子地方千里，出兵车万乘，诸侯地方百里，出兵车千乘。② 与相：当为"相与"，相互之间。③ 得事：得到官职。事，职事。④ 豪杰使能：豪杰之士施展才能。⑤ 朋党用私：结成朋党，任用亲信。⑥ 主更称蕃臣，而相室剖符：君主变成权臣的属下，而执政大臣行使君王的特权。此指君臣易位。更，改换。蕃臣，从属国或领有封地的臣属。蕃，通"藩"。相室，相国，指权臣。剖符，古代部分信符用以封赏、任命和征伐，这是君王的特权。⑦ 谲主便私：欺骗君主，谋取私利。谲，欺诈。便，

有利于。⑧ 变势：指君主实行变法。⑨ 重人：即重臣。
⑩ 当涂者之徒属：当权者的追随者。当涂者，当权者。涂，通
"途"。徒属，党徒，追随者。⑪ 污：品行卑污。⑫ 侵渔：侵
夺。渔，夺取不该得的东西。⑬ 比周：结党营私。⑭ 相与一
口：相互统一口径。⑮ 索：希求，要想。

今译

　　大国的祸患在于大臣权势太重，中小国家的祸患在于近臣
太受宠信：这是君主共同的祸患。再说臣下有大罪恶，君主就
有大过失，臣下和君主的利益相互之间是不同的。凭什么说明
这道理呢？这么说吧：君主的利益在于发现有才能的臣子而委
任他官职，臣下的利益在于没有能力却要得到职位；君主的利益
在于臣子有功劳就授予爵禄，臣下的利益在于没有功劳却得到
富贵；君主的利益在于豪杰之士施展才能、为国效力，臣下的利
益在于结成朋党，任用亲信。因此国家土地减少了而臣子私家
却富有起来，君主地位降低而大臣权势更重了。所以君主失去
了权势而大臣窃取了国家政权，君主改称藩臣，权臣却施行起君
权，这就是大臣欺骗君主谋取私利的目的。所以当代的重臣，君
主变革政治情势而仍能受到宠信的，十个中还不到两三个。这
其中的原因是什么呢？是这些臣子的罪行太大了。有大罪的臣
子，他的行为欺骗了君主，他的罪行应当处死刑。明智的人看得
深远，怕犯死罪，肯定不会追随重臣；贤明的人高尚正直，羞于和
奸臣为伍欺骗君主，也肯定不会追随这些重臣。这样看来，当权
者的门徒党羽，不是愚蠢而不知祸患的人，就一定是卑鄙无耻而
不怕干坏事的人。这些大臣纠集愚蠢卑鄙的人，对上和他们一
起欺骗君主，对下和他们一起搜刮钱财，侵夺利益，拉帮结派，串
通一气，迷惑君主，败坏法度，使官员、百姓处境混乱，使国家陷
入危险，实力削弱，君主忧劳受辱，这是大罪行。臣下有大罪而

君主却不加禁止，这是大过失。假如君主在上面有大过失，臣子在下面有大罪行，要想国家不灭亡，那是不可能的。

释义

韩非认为，君主和臣下的利益关系受制于完全不同的两种价值观。因为立场、角度不同，君主与臣下的价值取向是背道而驰的。所以君主不能完全依赖于权臣的忠诚，不然，他们就会结成朋党，最终导致君臣易位。君臣易位，这固然是臣子之罪，但换一个角度来看就是君主之失。

徐渠问田鸠

原文

徐渠问田鸠曰："臣闻智士不袭下①而遇君，圣人不见功②而接上。今阳城义渠，明将也，而措于屯伯③；公孙亶回，圣相也，而关于州部④，何哉？"田鸠曰："此无他故异物⑤，主有度⑥、上有术之故也。且足下独不闻楚将⑦宋觚而失其政，魏相冯离而亡其国？二君者驱于声词⑧，眩乎辩说⑨，不试于屯伯，不关乎州部，故有失政亡国之患。由是观之，夫无屯伯之试，州部之关，岂明主之备⑩哉！"

——《韩非子·问田》

　　注解：① 袭下：由下而上逐级提拔。袭，沿袭，因循。
② 见功：显示功绩，做出成绩。见，通"现"，表现，显示。
③ 措于屯伯：被安排做小官。措，安排，举用。屯伯，即屯长，
军队中五人设一屯长。④ 关于州部：经历基层工作。关，措
置，安排。州部，古代基层行政单位。⑤ 异物：特殊的事情。
异，特殊，特别。⑥ 度：法度。⑦ 将：用作动词，使……为将。
下句"相"用法同此。⑧ 驱于声词：被名声和动听的言辞所左
右。驱，驱使，左右。⑨ 眩乎辩说：为诡辩邪说所迷惑。眩，
迷惑。⑩ 备：应采取的措施。

今译

　　徐渠问田鸠说："我听说有才智的人不用由下而上逐级提拔
就能被君主赏识，圣人不用做出成绩就能被君主接纳。如今阳
成义渠，是英明的将领，却被安置在小官位上；公孙亶回，是圣明
的相国，却被安排做过底层职务，这是为什么呢？"田鸠说："这没
有其他特别的原因，是国君有法度、主上有手段的缘故。况且您
难道没有听说过楚国让宋觚担任将军而败坏了政事，魏国让冯
离担任相国而使国家名存实亡的事吗？这两国的君主被他们的
名声和花言巧语所左右，被他们的诡辩邪说所迷惑，没有把他们
安置在很小的官位上，也没有让他们从基层职务开始经受考验，
所以才有政事败坏、国家危亡的祸患。由此看来，那种没有低级
职务的考验、没有基层单位的锻炼（就破格提拔）的办法，哪里是
贤明君主应该采取的用人措施呢！"

释义

　　本节通过徐渠与田鸠的问答，阐述了高级官员必须选自基
层，逐级提拔，陈力就列的任人原则。在人才选拔制度上，韩非

一直强调应提倡法治,反对人治,目的是要杜绝名不副实的人被安排在重要岗位上,这样可以有效避免夸夸其谈、纸上谈兵、名不副实的人占据重要职位,给国家造成重大损失。

臣主不共权势

原文

造父御四马①,驰骤周旋②而恣欲于马。恣欲于马者,擅辔策之制③也。然马惊于出彘④而造父不能禁制者,非辔策之严不足也,威⑤分于出彘也。王子于期为驸驾⑥,辔策不用而择欲于马⑦,擅刍水之利也。然马过于圃池而驸马败者⑧,非刍水之利不足也,德分于圃池也。故王良、造父,天下之善御者也,然而使王良操左革⑨而叱咤之,使造父操右革而鞭笞之,马不能行十里,共⑩故也。田连、成窍,天下善鼓琴⑪者也,然而田连鼓上、成窍摄⑫下而不能成曲,亦共故也。夫以王良、造父之巧,共辔而御,不能使马,人主安能与其臣共权以为治?以田连、成窍之巧,共琴而不能成曲,人主又安能与其臣共势以成功乎?

——《韩非子·外储说右下》

注解:① 造父御四马:造父,西周擅长驾车的人。四马,古代一车用四马驾驶。② 驰骤周旋:奔跑旋转。驰骤,向前

疾驰。周旋，四周旋转。③ 擅辔策之制：掌握着绳索和马鞭对马的控制，意思是马匹尽在他的掌控之中。擅，独揽，独掌。辔，驾驭牲口用的嚼子和缰绳。策，马鞭。④ 出彘(zhì)：突然奔出的猪。彘，猪。⑤ 威：这里指辔策的威力。⑥ 王子于期为附驾：王子于期，春秋时著名的善御车者。驸驾，驾驭副车。⑦ 择欲于马：选择马之所欲而满足它，即下文所说的刍(草料)、水。⑧ 马过于圃池而驸马败者：驸马，当为"驸驾"。圃多刍，池多水，马过圃池，争相食刍饮水，不听驸驾指挥，故败。⑨ 革：通"勒"，带嚼子的马笼头。⑩ 共：共同(驾驭)。⑪ 鼓琴：弹琴。鼓，敲击，弹奏。⑫ 撖(jiē)：按住。

今译

造父驾驭四马之车，快速奔驰绕圈打转，能随心所欲地控制马匹。能随心所欲控制马匹，是因为他掌握着对缰绳和鞭子的控制权。然而马被突然窜出来的猪所惊吓，而造父不能控制住它的原因，不是缰绳和马鞭的威力不够，而是威势被窜出来的猪分散了。王子于期驾驭副车，放着缰绳和马鞭不用，而选择马所喜欢的东西(来驯服马匹)，他专靠草料和水来让马听话。然而马经过园林水池时这种驾驭副车的办法就失败了，并非是草料和水的好处不够，而是那份恩德被园林水池分散了。所以王良、造父，是天下善于驾驭马车的人，然而如果让王良操控着左边的马笼头吆喝马，让造父操控着右边的马笼头鞭挞马，马就走不了十里路，这是两人共驾一辆车的缘故。田连和成窍是天下善于弹琴的人，然而让田连在琴首弹拨、成窍在琴尾按弦，就不能弹成曲调，这是两人共弹一琴的缘故。凭王良和造父驾马的技巧，共同掌控缰绳驾驭马车，就不能驱使马，君主又怎么能与自己的臣下共掌权柄治理国家呢？凭田连、成窍弹琴的技巧，共用一琴弹奏音乐，就不能弹成曲调，君主又怎么能与他的臣下共用权势来成就功业呢？

释义

　　韩非用类比和比喻的手法，向人们阐述了这样的道理：一山不容二虎，一家不容二主。治理国家必须做到高度集权，君主独掌权柄，不容威权外借，否则，君臣之间互相牵制，且不说臣下羽翼丰满后会与君主分庭抗礼，威胁到君权，就连基本的国家事务恐怕也办不成，这就是韩非所说的"赏罚共则禁令不行"。所以君主和臣子是万万不能共同执掌权力的。

私 告 任 坐

原文

　　是故夫至治之国，善以止奸①为务②。是何也？其法通乎人情，关乎治理也。然则去微奸③之道奈何？其务④令之相规⑤其情者也。则使相窥奈何？曰：盖里相坐⑥而已。禁尚有连于己者，理不得相窥⑦，唯恐不得免。有奸心者不令得忘，窥者多也。如此，则慎己⑧而窥彼，发奸之密⑨。告过者免罪受赏，失奸⑩者必诛连⑪刑。如此，则奸类发矣，奸不容细⑫，私告任坐⑬使然也。

——《韩非子·制分》

注解：① 止奸：禁止奸邪（行为）。止，制止，使……停止。奸，奸邪（行为）。② 务：事务，要务。③ 微奸：隐匿的奸邪行径。微，隐匿，隐瞒。④ 务：务必，一定。⑤ 规：通"窥"，窥察。⑥ 里相坐：同里之人有罪，一里之人皆被连坐。里，乡里。古代五家为邻，五邻为里。坐，判罪。⑦ 理不得相窥：按文意"得"后应当脱一"不"字；意思是"从情理上就不得不互相窥探"。理，情理。⑧ 慎己：自己言行谨慎小心。⑨ 发奸之密：揭发秘密的奸邪行径。发，揭发。⑩ 失奸：不告发奸邪。失，错失，漏掉。⑪ 连：牵连，连带。⑫ 细：细小。⑬ 私告任坐：实行告奸连坐制度。私，私下，暗中。任，使用。

今译

因此，那种治理得最好的国家，善于把禁止奸邪行径作为要务。这是为什么呢？因为禁止奸邪的法律与人之常情息息相通，和治理国家的道理紧密相关。既然如此，那么铲除隐蔽的奸邪行径该用什么方法呢？那就是务必让民众互相窥探彼此的隐情。那么让民众互相窥探该怎么做呢？大致说来，就是同一乡里的百姓互相牵连治罪罢了。假定禁令有跟自己相牵连的规定，从情理上看他们就不得不相互监视，唯恐自己不能免除罪责。有奸邪想法的人不让他得到隐匿的机会，因为监视的人很多。这样一来，民众自己就会谨慎小心并且监视别人的行为，揭发隐秘的奸邪行径。告发罪行的人能免除罪责，受到赏赐，有奸不报的人一定要连带受刑。如能这样，那么各种各样的奸邪行径就被揭发出来了，连细小的奸邪行为都不容发生，这是实行告奸连坐制度所起的作用。

释义

禁止奸邪，任何君主都想做好这件事，但未必都做得好。韩非给出的办法就是：邻相窥，里相坐。他认为这种制度能够逼迫民众互相监督，互相告密，使得奸邪行为被来自四面八方的眼睛紧紧盯住，有奸邪之心的人，不敢有作奸犯科的行为。至于现代公民极为重视的隐私权、自由权等个人权利，由于受到文明发展程度和法家学说的君主立场的限制，韩非是根本考虑不到也不可能予以考虑的。

再版后记

　　《中华根文化·中学生读本》(15种)2012年由复旦大学出版社首版,2014年作为复旦附中教学成果"阅读中国人　书写中国人"的教材组成部分,荣获国家级教学成果一等奖。此次上海教育出版社再版,基本保持原版模样,所做的工作主要是汇聚读者意见,对原版内容做适度删节。删节时主要考虑两点:更加突出"根文化"概念;使单元主题更集中。

　　我们在2010年策划出版这套图书时就认为,"中华根文化"是21世纪中华儿女走向世界,参与全球化进程的一种重要力量。今天我们更认为,"中华根文化"蕴含着中华民族的情感力、思想力、想象力、创造力、批判力等不竭的生命力。尤其是那种挺立天地之间,居仁行义的天下意识、宇宙意识与人类情怀,深度契合着困难重重的21世纪的人类社会的内在需要,已显现出了一种崭新的人类文化的光辉特质。因此,我们愿意继续为"中华根文化"的现代传译尽自己的微薄之力,让更多的读者,尤其是中学生读者,更好地认识、理解中华民族根文化的根性特征——不仅是民族文化之根,也是世界文化之根——而拥有自我生命的大觉醒、大参悟，成为真正"具有中国心的现代文明人"（于漪老师语）。

再版时，我们力所能及地对原版的错误做了修订，但限于能力，一定还有许多不当之处，敬请读者批评指正。

黄荣华

2017 年 3 月 13 日

图书在版编目(CIP)数据

法者之言：《韩非子》选读 / 黄荣华主编. —上海：上海教育
出版社，2017.6(2018.2重印)
ISBN 978-7-5444-7559-4

Ⅰ.①法… Ⅱ.①黄… Ⅲ.①法家②《韩非子》—青少年读
物 Ⅳ.①B226.5-49

中国版本图书馆CIP数据核字(2017)第126785号

责任编辑 叶碧芬
封面设计 陆 弦

法者之言
——《韩非子》选读
黄荣华 主编

出版发行 上海教育出版社有限公司
官 网 www.seph.com.cn
地 址 上海市永福路 123 号
邮 编 200031
印 刷 上海展强印刷有限公司
开 本 640×960 1/16 印张 10
版 次 2017 年 7 月第 1 版
印 次 2018 年 2 月第 2 次印刷
书 号 ISBN 978-7-5444-7559-4/G·6223
定 价 19.80 元

如发现质量问题，请向本社调换 电话 021-64377165